本项目由中非（南）职业教育合作联盟执行秘书处组织实施，
常州信息职业技术学院中国—南非产业合作与职业教育研究中心具体执行

中非（南）职业教育合作联盟执行秘书处
中国—南非产业合作与职业教育研究中心 ｜ 委托项目

中国南非
产教融合式产业合作

"一带一路"倡议下的机遇研究

CHINA-SOUTH AFRICA
INDUSTRIAL COOPERATION

OPPORTUNITIES OF
INDUSTRIAL AND EDUCATIONAL DEVELOPMENT
WITH THE BELT AND ROAD INITIATIVE

吉 敏 ｜ 主 编

社会科学文献出版社
SOCIAL SCIENCES ACADEMIC PRESS (CHINA)

总　序

近年来，随着中非合作深化和"一带一路"建设的推进，中国和南非关系快速发展，两国高层交往密切，战略互信不断提高，务实合作蓬勃发展，两国关系已成为中非关系和新兴市场国家团结合作的典范。

目前，中国是南非最大贸易伙伴，南非是中国在非洲最大贸易伙伴，两国双向投资规模不断扩大。大量中资企业赴南非投资，投资领域涵盖基础设施建设、汽车制造、纺织、电子通信、金融、采矿、制药、农产品加工等众多产业门类。2017 年"中国—南非高级别人文交流机制"正式启动，两国在教育、文化、科技、卫生、青年、妇女、旅游、智库等诸多领域开展深入合作，两国关系行稳致远。

常州信息职业技术学院是国家示范性高职院校，入选中国特色高水平高职学校建设单位。学院主动服务国家对外开放大局，积极参与职业教育国际合作和"一带一路"建设，促进中外人文交流。在全国高职院校中，率先与南非在职业教育领域开展了多方面的合作。

2017 年 2 月，作为国内首个试点高校，学院承接南非高等教育和培训部工业和制造业培训署（MerSETA）公派留学生培训项目和职业院校教师培训项目，创设了"实训＋实习"培养模式，形成了"人文＋技能"的项目培养特色。2018 年 1 月，在教育部中外人文交流中心指导下，学院承办"中国—南非职业教育合作·技术技能人才培养磋商会"，会上来自两国的58家单位共同发起成立"中非（南）职业教育合作联盟"。2018年12月，在中国—南非高级别人文交流机制第二次会议上，联盟及其开展的南非学生来华学习实习项目被纳入机制教育领域成果，学院作为全国高职院校唯一代表受邀参加了机制会议。2019年1月，中非（南）职业教育合作联盟中方理事会成立，学院担任常务副理事长单位和中方执行秘书处单位，推动建立跨境职业教育合作新模式，推动南非学生来华学习实习项目在全国二十余所高职院校中实施。2019年12月，学院在南非工业制造业中心艾库鲁莱尼市成立南非首家"鲁班工坊"，这也是全国高职院校中建立的首家"鲁班工坊"。学院努力深化产教融合，汇聚各方资源，探索"政府主导、行业协调、企业主建、院校主教"的海外办学模式。

与此同时，为更好地开展对南非合作，加强对南非历史文化、经济政策、高等教育体系（尤其是高等职业教育体系）和中南人文交流等方面的研究，学院于2018年5月成立"中国—南非产业合作与职业教育研究中心"，中心人员除学院专兼职研究人员外，还有来自东南大学、南京大学、上海大学等高校的专家学者。2019年7月，学院与南非约翰内斯堡大学签订合作协议，中心与约翰内斯堡大学"中国—非洲研究中心"成为正式合作伙伴关系，开启双方在中非联合人才培养、学术研究合作、教师交流互访等方面的合作。

本系列成果既是"中国—南非产业合作与职业教育研究中心"的理论研究成果，也是学院推进"中国特色高水平高职学校建设"的实践成果。本系列成果包括《南非经济、产业及教育概览》《中国南非产教融合式产业合作："一带一路"倡议下的机遇研究》《南非职业教育与教育体制研究》三本书。希望这些成果能够为从事南非经济、产业及职业教育研究人员，在南从事投资和贸易活动的企业人员，以及从事对南交流合作的相关机构管理人员提供有益的参考和借鉴。

目　录

引　言

　　"一带一路"倡议实施以来，中国与南非之间的双边贸易关系迅猛发展。截至 2019 年，中国已连续 10 年成为南非最大的贸易伙伴，大量中资企业将南非作为新的投资热土，目前中国对南非投资累计已超过 250 亿美元，涉及基础设施建设、汽车制造、纺织、电子通信、金融、采矿等众多产业门类。与此同时，在中南两国领导人亲自关心、推动和双方共同努力下，双方启动了"中南高级别人文交流机制"，涵盖了双方在教育、文化、科技等诸多领域的合作。

　　本书是常州信息职业技术学院"中国—南非产业合作与职业教育研究中心"组编的有关南非研究系列的成果之一。力图较系统性地介绍以下几个方面的内容：产教融合与产业合作的基本理论（第一章），国际产教融合实现机制与国内外经验典型案例（第二章），中南产业合作的南非基础（第三章），中南产业与教育合作的历史与现状（第四章），"一带一路"倡议下中南产教融合式产业合作的意义（第五章），"一带一路"倡议下中南产教融合式产业合作目标与内在机理（第六章），"一带一路"倡议下中南产教融合式产业合作模式与实施路径（第七章），以及产教融合式产业合作的对策建议与未来展望（第八章）。

　　本书还介绍了面向就业与高层次人才培养的南非学校后教育体系，以及南非技能培训与行业教育培训体系，以使国内读者能够全面深入地了解南非经济、产业、教育等方面的基本情况。

　　本书是团队合作的结果，第一章、第二章主要由吉敏负责撰写；第三章主要由周萍负责撰写；第四章、第五章主要由赵晨辉负责撰写；第六章、第七章主要由蔡源负责撰写；第八章及附录主要由涂琴负责撰写；全书由吉敏负责框架设计并统稿。本书在编写过程中亦得到博士生乔伊（尼日利亚籍）及硕士生杨晓蕾等在文献整理和数据方面提供的支持，在此一并表示衷心的感谢！

　　限于作者水平，本书中存在的不足之处敬请专家、学者和读者朋友批评指正！

胡汉辉

2020 年 8 月

绪　论

　　中国提出的"一带一路"倡议强调相关国家共同打造互利共赢的"利益共同体"和共同繁荣的"命运共同体"，这一倡议得到了相关国家和地区的广泛关注和高度认可。南非是"一带一路"共建国家，也是中国与非洲开展合作的重要国家，"一带一路"倡议为中国与南部非洲特别是与南非的经济合作提供了新的动力支撑，为两国的经济合作提供了新思路和新契机，成为维系中国与南非之间经济合作关系的重要纽带。产业合作是中南两国经济合作的重要内容，也是对"一带一路"倡议的具体落实。近年来，中南两国围绕"一带一路"倡议，在基础设施建设、金融、科技、能源、矿产、电信等产业领域积极展开合作，成效显著。

　　当前，国际格局正在酝酿深刻而复杂的变化，全球产业链进入一个更为剧烈动荡变化的时期，新冠疫情加速全球产业链、供应链的重塑已成为事实与趋势。面对世界政治、经济不确定性风险的增加，中国与南非在"一带一路"倡议框架下，推进中南两国之间产业合作、增强产业链的稳健性和安全性、实现两国产业升级、积极应对当下全球经济形势与政治局势的变化，已成为中国和南非产业合作的重要目标和首要任务。在"一带一路"

倡议框架下，对中南产业合作进行更为深入和具有创新性的理论和实践研究也成为必然。

在全球产业链进入剧烈变化的时期，区域化、内链化成为一个重要的特征；安全性和稳定性成为各国进行产业布局考虑的首要因素。产业链的全球性分布正在逐步转变，即全球价值链在纵向分工上趋于缩短，在横向分工上趋于区域化集聚。因此，全球产业链集群成为未来产业发展的方向之一，集群式跨国转移成为互信国之间产业合作的重要方式和发展方向。

当前，中国与南非的产业合作已初步表现出产业集群式跨国转移的一些特征，但目前相关理论和实践研究尚未形成系统化成果，需要针对中南产业转移过程中的集群转移现象进行深入、系统的研究。此外，在产业跨国合作过程中，人力资本要素的流动和供给是影响转移成效的重要因素，但以往"产教融合"的研究多集中在本国职业院校与产业合作内涵、模式、机制体制等问题的探讨上，对高等职业教育在产业跨国合作中的作用、模式、路径等探讨较少。因而，需要探讨职业教育参与中南产业合作、为中南产业合作提供人才和智力支持的路径，探索适合中南产业合作的新型"产教融合"模式，探索教育与产业互动式转移的内在机理，以助推中南两国经济和社会发展。

值得注意的是，中国与南非都具有特有的政治、经济体制，以及独特的市场环境，同时面临着不同于西方国家的外部环境和机遇，其他国家的成功经验不能完全照搬到中南产业对接合作的理论建构与实践指导中。本书正是基于这样的认识，将中南产业合作的研究置于"一带一路"建设的背景之下，结合当下世界政治、经济环境，以中国与南非产业对接合作实践为主要研究对象，以中外有关产业合作、产业转移、产业集群、产教结合的理论和实践为基础，通过梳理南非经济、产业、教育发展的历史与现状，分析中南产业合作的现实基础；进而梳理中国与南非产业和教育合作的历史与现状，总结其经验与教训；在此基础上，探讨"一带一路"倡议下中南产教融合式产业合作的必然性与可能性，确定中南产教融合式产业合作的目标、要求；同时探索研究职业院校作为产业合作重要支撑实施产教融合式产业合作的模式与路径。

第一章

产教融合与产业合作的基本理论

一 基本概念

（一）产教融合

1. 产教融合

产教融合是职业教育发展的根本方向，在不同的发展阶段，中国职业教育产教融合有不同的表述及内涵。工学交替、半工半读、校企合作、工学结合、产教结合、产教融合等概念是中国职业教育伴随社会经济发展而不断产生的，尽管对其演绎和外延的表述不同，但其职业教育的内涵和发展本质是一致的。

自产教融合概念提出以来，学者就有不同的解释。国家文件中的"产教融合"从宏观层面强调产业与教育的互动融合。如《国务院关于加快发展现代职业教育的决定》对产教融合的要求是："同步规划职业教育与经济社会发展，协调推进人力资源开发与技术进步，推动教育教学改革与产业转型升级衔接配套。"[①] 教育部等六

---

① 《国务院关于加快发展现代职业教育的决定》，http：//www. gov. cn/zhengce/content/2014 – 06/22/content_ 8901. htm。

部委印发的《现代职业教育体系建设规划（2014~2020年）》将产教融合解释为："专业设置与产业需求、课程内容与职业标准、教学过程与生产过程对接，实现职业教育与技术进步和生产方式变革以及社会公共服务相适应，促进经济提质增效升级。"[①] 杨善江（2014）认为，笼统来讲，产教融合是产业系统与教育系统相互融合而形成的有机整体；具体来讲，产教融合是教育部门（主要是院校）与产业部门（行业、企业等）在社会范围内，充分依托各自的资源和优势，以互信和合约为基础，以服务经济转型和满足需求为出发点，以协同育人为核心，以合作共赢为动力，以校企合作为主线，以项目合作、技术转移以及共同开发为载体，以文化共融为支撑的产业与教育之间各要素的优化组合和高度融合，是各参与主体相互配合的一种经济教育活动方式。[②] 陈年友等人（2014）由产教定义延伸出产教融合内涵，认为产教融合就是职业教育与产业深度合作，即职业院校为提高其人才培养质量与行业企业开展的深度合作。[③] 孔宝根（2015）认为，产教融合是指育人过程中生产与教学的融合，包括两个方面：一是教育教学过程与生产工作过程的融合，是育人方式上的融合；二是教育教学内容与生产技术技能的融合，是育人内容上的融合。[④] 邢

① 《教育部等六部门关于印发〈现代职业教育体系建设规划（2014~2020年）〉的通知》，http://old. moe. gov. cn/publicfiles/business/htmlfiles/moe/moe _ 630/201406/170737. html，2014年6月16日。

② 杨善江：《产教融合：产业深度转型下现代职业教育发展的必由之路》，《教育与职业》2014年第11期（下），第8页。

③ 陈年友、周常青、吴祝平：《产教融合的内涵与实现途径》，《中国高校科技》2014年第8期，第40页。

④ 孔宝根：《企业科技指导员制度——深化职业教育产教融合的新路径》，《教育发展研究》2015年第3期，第65~70页。

辉等人（2015）认为，产教融合是教育界与产业界为推动技能养成与发展而进行的资源优势互补的合作活动及合作关系。① 罗汝珍（2016）认为，产教融合是职业教育与物质生产、社会服务等行业共同开展的生产、服务和教育活动，且形成不同于单纯教育与产业的另一种组织形式。② 王继元（2017）提出产教融合是高校与产业在人才培养、技术开发、成果转化中紧密合作、彼此关照、相互支持、相互促进的一种发展战略。③

国外学者对产教融合也进行了相关研究，对其内涵进行了界定。在美国，产教融合的表现形式为合作教育。合作教育是社区学院培养人才的重要形式，美国学者路易斯·苏亚雷斯（Louis Soares，2010）在《教育与产业合作的力量》一文中认为，社区学院与企业合作对促进创新更具推动力："社区学院与行业合作伙伴关系是社区学院与个体企业、企业集团、商会、行业协会或部门之间的合作伙伴关系，旨在整合各方资源构建与区域经济发展和劳动力需求紧密联系的教育培训项目，以满足那些非传统意义上的学生，即那些必须增进技能和提升学历的劳动力市场新人和老员工的需求。"④

综上所述，"产教融合"有区别于"产教结合""产教合作"

---

① 邢辉、李玉珠：《民办高校产教融合现状调查与分析》，《教育与职业》2015年第36期，第24页。
② 罗汝珍：《职业教育产教融合政策的制度学逻辑分析》，《职业技术教育》2016年第16期，第8~13页。
③ 王继元：《高等职业教育领域中产教融合研究的元分析》，《职教论坛》2017年第3期，第26~31页。
④ Louis Soares. *The Power of the Education-Industry Partnership Fostering Innovation in Collaboration Between Community Colleges and Businesses* (Washington: Center for American Progress, 2010).

"校企合作"等概念的特质。"产"是指产业，在经济学中，产业通常是指教育领域以外国民经济的各部门；"教"通常泛指教育，在这里当然特指职业教育，层次上分为初等职业教育、中等职业教育和高等职业教育；"融合"是指几种不同的事物合成一体①，比"结合""合作"立意更高，更强调"产"和"教"彼此之间的联系、互动与和谐。"产教融合"侧重应用型人才培养和应用研究，其目的是实现教育系统和产业系统的良性互动，进而实现教育发展、人的发展和经济社会发展的统一。总体而言，学者主要从三个维度对产教融合内涵进行了探讨：其一，认为产教融合是产业系统与教育系统的互动或合作关系；其二，认为产教融合是一种"组织形式"或"统一整体"；其三，认为产教融合是一种发展战略。

结合已有研究，本书认为，可将产教融合界定为：产业主体与教育主体（特别是职业教育）在教育、教学和科研过程中的对接、互动、融合。其内涵主要包括两个方面：一方面是指宏观层面的教育与产业的融合，主要涉及教育发展与产业发展在规模和结构方面的协调，其核心问题是使学校的学科专业设置与产业发展相适应；另一方面是指微观层面的教育教学活动和生产活动的融合，主要涉及学校与生产组织的协同育人问题，其核心是人才培养模式与生产活动的衔接。

2. "一带一路"倡议下的产教融合

"一带一路"合作涉及的国家多、地域广、文化差异大，且

---

① 曹丹：《从"校企合作"到"产教融合"——应用型本科高校推进产教深度融合的困惑与思考》，《天中学刊》2015 年第 1 期，第 133~138 页。

各国政治结构各不相同，"一带一路"背景下产教融合与一般意义的产教融合相比，有其特殊性。此特殊性既包括产教融合教育模式的特殊性，也包括多文化、多宗教、多政体和多国家产教融合的特殊性。因此，"一带一路"倡议下的产教融合在原有产教融合内涵扩充的基础上，还需要考虑产教融合的跨国背景，是跨国家、政府、文化和经济体而存在的。

本书认为，"一带一路"背景下的中南产教融合，就是职业院校作为主体之一，参与中南产业合作，将跨国公司、职业院校等多文化、有规则和有效果的学习和工作经验结合起来，以人才培养助推产业合作，以产业发展引领人才培养。

（二）产业合作

1. 国际产业合作

对产业合作的理解需要基于产业经济学与区域经济学的基础，以合作的视角对相关理论进行新的融合与探讨。虽然英文文献中鲜见"产业合作"的提法，但西方学者在相关领域已经建立了完善的理论体系。如，赤松要的雁行形态理论，亚当·斯密的劳动分工理论，波特的竞争理论，库兹涅茨的产业关联理论等；还有在产业微观主体层面上对跨国公司行为进行的研究，以及区域经济学领域对区域经济合作的相关研究等。国内有关产业合作的研究早期多见于对中国内部八大区域间产业关系的研究，强调各区域间的产业协同配合对经济的促进作用。随着东亚生产网络的建立以及日本雁行模式的提出，国际上有关产业合作的研究对象逐渐转移至中国与周边国家，如日本、韩国等，只是对于国际产业合作的概念尚未见到系统、清晰的界定，大部分研究工作主要在产业转移的理论框架下进行。随着"一带一路"倡议的提出，国际产业合作作为连接宏观的区域经济合作与微观的企业间合作的中观概念，被赋予了全新的含义，逐渐受到越来越多学者的关注，开始对国际产业合作的内涵、模式、机制等问题进行研究。

国际产业合作的概念具有复杂性，并非一个完全严格的学术概念，涉及贸易、投资、产业转移、跨国资源开发、技术转让等多种形式。"一带一路"倡议下，国际产业合作又有了全新的含义，涵盖人类命运共同体建构的历史使命和中国的大国责任。本书所探讨的国际产业合作，并非单纯的产业和产能的输出或国际贸易，更不是国际间产业"1＋1＝2"的简单结合；而是基于"一带一路"共建国家比较优势，有计划、有重点地对合作双方的契合点不断接触尝试、沟通协调，在产业发展过程中达成全方位、多层次、深度持久的务实合作，以融合共生、互利共赢，从而提升合作国的产业发展水平和能力。国际产业合作既是结果，更是过程。

基于此，本书将国际产业合作界定为：不同国家基于合作国比较优势，有计划、有重点地就双方契合点不断地进行接触尝试、沟通协调，通过推动要素在国际间流动，使得跨越国界的同一条产业链逐步优化或不同的产业链逐步融合，从而形成全方位、多层次、深度持久的产业合作关系，以提升合作国产业发展能力和水平。

2. 中南产业合作

中南产业的对接和合作需要基于双方的禀赋差异进行，中国与南非之间存在的自然资源差异、社会经济差异、社会文化差异以及双方的优势，为中国与南非产业合作提供了前提与基础。

根据以上分析，本书对"中南产业合作"的界定如下：以"一带一路"倡议为指引，基于双方的比较优势，中国与南非之间就双方契合点实现有计划、有重点的不断接触尝试、沟通协调；将中国有关产业的重心逐步向南非转移，使得两国间相关产业链之关系不断密切；同一条产业链逐步优化，不同的产业链逐步融合，从而形成全方位、多层次、深度持久的产业合作关系，提升双方产业发展水平，带动两国经济可持续发展。

3. "一带一路"倡议下中南产教融合式产业合作

区别于国际产业合作，产教融合式产业合作不仅关注产品、资本等要素的跨国流动，同时关注人力资本作为生产要素在国与国之间的流动；强调在建立产业合作关系的同时关注职业院校在产业人才培养和输送中的作用，通过职业院校的参与，形成对国际产业合作的人力资源支持。

"一带一路"倡议下中南产业合作区别于传统意义的产业合作。首先，应实现中南产业链的"串联"和"并联"关系，建立更加科学、有效的生产网络。其次，应重视高层次应用型人才在产业合作中的重要作用，实现职业教育系统与产业系统的跨国协同，并与实体经济相适应，实现技术技能型人才的跨国流动和积累。

简而言之，"一带一路"倡议下中南产教融合式产业合作，是指在"一带一路"倡议下，积极推动职业院校参与中南产业合作，形成职业教育与产业体系的跨国融合，强化人力资源作为生产要素的跨国流动，助推中南产业之间形成全方位、多层次、深度持久的生产合作网络。

（三）集群

1. 产业集群

关于产业集群内涵的研究可以追溯到马歇尔在其著作《经济学原理》（1980）中最早提出的产业区理论，他认为产业区是"一种由历史与自然共同限定的、中小企业积极相互作用、企业群与社会趋向融合的区域"。茨扎曼斯凯和阿伯拉斯（1979）提出，产业集群是在所有经济产业中，一簇在商品和服务联系上比国民经济其他部门联系强，并在空间上相互接近的产业。[①] 巴卡蒂尼（Becattini，1990）将产业集群定义为产业区，即以同业工人及其企业簇群在特定地域内大规模自然地、历史地形成为特征的地域性社会实体。[②] 迈克尔·波特（Micheal. E. Porter）教授在其著作《国家竞争优势》（1990）中首次明确提出产业集群概念[③]，并在其著作《集群与新竞争经济学》（1998）中，将产业集群界定为："一组地理上靠近的相互联系的公司和关联机构，它们同处在一个特定的产业领域，由于具有共性或互补性而联系在一起。"[④]

之后，有不同学者从不同角度对产业集群的内涵进行界定。

---

① 黄建康：《产业集群论》，东南大学出版社，2005，第6～10页。

② Becattini G. The industrial district as a socioeconomic notion［A］. In：Pyke F, Sengenberger W. In Industrial Districts and Interfirm Cooperation. Geneva：ILO, 1990：37－51.

③ Micheal E. Porter. *The Competitive Advantage of Nations*（New York：The Free Press, 1990）.

④ Michael E. Porter. "clusters and the new economics of competition," *Harvard Business Review*, 76（6）（1998）：78－83.

派克（Pyke，1992）将产业集群定义为"在生产过程中相互关联的企业聚集，通常在一个产业内，并且根植于地方社区"①。经济合作与发展组织（OECD，2002）认为，集群是相互依赖的企业，知识生产机构（大学、研究机构、技术提供企业），中介机构（技术或咨询服务提供者）和消费者相联系的网络，与生产链的增值有关。Maskell 和 Lorenzen（2003）认为，集群是一种具有市场特性的自由交易场所，那里的商品、服务和知识不受个体能力的限制即可进行有效交易。②

中国学者也从不同角度对产业集群内涵进行了探讨。曾忠禄（1997）认为，产业集群是指同一产业的企业以及与该产业相关的产业及支持产业的企业在地理上的集中。③ 仇保兴（1999）将产业集群定义为，是为克服市场失灵和内部组织失灵的一种制度性办法。④ 盖文启等（2001）将产业集群描述为新产业区现象，认为产业集群是指大量的中小企业在一定范围内集聚成群，集聚区内的企业在生产经营中进一步专业化，并在市场交易与竞争过程中彼此之间形成密集的合作网络（包括正式的和非正式的），实现协同创新。⑤ 王缉慈等（2002）认为，集群是指在某一特定的产业及其相关领域中，大量密切联系的企业以及相关支撑机

---

① Pyke F., and Sengenberge W., (eds). *Industrial Districts and Local Economic Regeneration* (Genevaan, International Institate for Labow Studies, 1992).

② Maskell P., and Lorenzen M., "The Cluster as Market Organization", Urban Studies. 41 (2003): 991 – 1009.

③ 曾忠禄：《产业集群与区域经济发展》，《南开经济研究》1997 年第 1 期，第 69 ~ 73 页。

④ 仇保兴：《小企业集群研究》，复旦大学出版社，1999，第 7 页。

⑤ 盖文启、朱华展：《产业的柔性集聚及其区域竞争力》，《经济理论与经济管理》2001 年第 10 期，第 25 ~ 30 页。

构，如行业协会、金融机构、职业培训和科研机构等，在空间上集聚，并形成强劲持续竞争优势的现象。[①] 尤振来等（2008）认为，产业集群是指一群处于同一价值链上的在特定地理位置上聚集并根植于该区域存在横向或者纵向联系的中小企业及其相关支持机构组成的中间组织。[②] 高虹（2018）的研究认为，产业集群是各国发展过程中的一个普遍特征，它主要是指相关产业、部门因为知识、技术、投入－产出、需求等多方面联系，最后形成地理上的集中。[③] 朱云平（2017）则从企业异质性的角度出发，发现特定产业集群内不同企业在产业内部地位存在显著的差异，认为产业集群是由核心企业和非核心企业构成的经济系统。[④]

由以上分析可见，当前，学术界尚未对产业集群给出公认的概念解释，但是对产业集群的概念已经形成某些共识。本书认为，产业集群是指在特定的领域中，大量的、具有相互关联性的企业、专业化供应商、服务商、相关产业的厂商，以及有关的机构（如大学、产业协会等），按照一定的经济联系，集中在特定的地域范围，形成类似生物有机体的产业群落。

2. 教育集群

一些学者突破产业集群原先的经济学、管理学边界，将这

[①] 王缉慈等：《创新的空间：企业集群与区域发展》，北京大学出版社，2001，第 50~86 页。

[②] 尤振来、刘应宗：《产业集群的概念综述及辨析》，《科技管理研究》2008 年第 10 期，第 262~264 页。

[③] 高虹：《中国制造业产业集群的划分及其就业增长效应估计》，《世界经济文汇》2018 年第 6 期，第 86~101 页。

[④] 朱云平：《企业异质性视角下的产业集群产业链优化分析》，《宏观经济济究》2017 年第 12 期，第 129~136 页。

一概念引入教育学领域,提出了"教育集群"概念。杨芳等(2006)认为,教育集群就是围绕教育目标,学校、政府、企业、家庭、社会名流等机构或个人形成优势资源互补式合作的教育战略同盟,其中学校既是集群体系中的核心和中心,也是集群的主导者。[①] 曹彩杰(2007)认为,教育集群是指在教育领域内因竞争和其他因素而互相联系的、在区域位置上集中的学校和有关机构(包括企业、科研机构等实体)的集合。[②] 管杰(2017)认为,教育集群是一种区域教育发展的新模式,是一个地理位置相近的区域内各种教育资源基于自主性、内生性需求,由教育行政部门主导,区域内优质学校牵头,通过创设一个区域丛林式教育生态系统,以多元化特色教育满足教师、学生个性化发展需求的区域教育共同体,具有地缘性、生态性、内生性、自主性、社区性的特点。[③]

由此可见,与产业集群的概念相类似,教育集群亦强调某一特定领域内大量相似单位的密切联系,以及其相关支撑机构在空间上的集聚,以形成强劲、持续的竞争优势;不过,它与产业集群尚存有较明显的差异,教育集群除了形成自身的竞争力优势外,还格外注重它的示范、辐射等功能。本书认为,教育集群主要是指各种教育机构及相关支撑机构在特定区域内的集聚,并形成横向、纵向的关联,从而产生持续竞争优势和示范辐射效应的一种现象。

---

① 杨芳、王启兵:《教育集群:高校当前的发展之路》,《企业家天地》(理论版)2006 年第 8 期,第 116 页。

② 曹彩杰:《关于教育集群理论在远程教育课程建设中的效应分析》,《今日科苑》2007 年第 22 期,第 263 页。

③ 管杰:《"互联网+"教育集群实现区域教育优质、均衡发展》,《中国民族教育》2017 年第 Z1 期,第 7~8 页。

3. 职教集群

职教集群的兴起是中国职业教育发展的亮点之一，它是国内产业背景下职业教育发展到一定阶段而产生的新的组织形式和制度安排，是多种教育元素的集聚和整合，是经过宏观上整体规划和微观上谋求资源共享而形成的整体。张曾（2009）认为，职教集群是指在政府主导下将职教机构在地理位置上集中规划、院校之间合理分工、整体上优势互补的一种职业教育发展模式。[①]魏燕（2011）认为，集群化办学是以高职教育园区为纽带，构筑职业教育的集聚高地，借鉴工业向开发区集中这一经济发展思路，以优质高职资源向职教园区集聚的方式形成数校一地发展的态势，以实现资源共享、开放办学、效益最大化。[②]

本书认为，职教集群是各职业院校及相关支撑机构在特定区域内的集聚，是实现合理分工、优势互补、资源共享的一种组织形式和制度安排。职教集群与产业集群有很多相似之处，职教集群内微观主体利用地理的接近性、主体间的互补性，通过集群主体的合作、学习、竞争，实现资源的共享，促进信息的交流、积累、传递与扩散，促进创新，并提高资源的利用率，降低办学成本，获得聚集带来的规模效益和范围效益。此外，职教集群兼具教育属性与产业属性，职教集群在有效提高区域内职业院校的办学水平和实力的同时，也在为区域内的行业企业提供高素质技术技能型人才，并提供在职人员培训、智力支持和技术服务等，进而促进教育链和产业链的有机融合。

---

① 张曾：《职教集群：中国特色职业教育发展模式的探索》，《教育与职业·理论版》2009 年第 5 期，第 8～10 页。

② 魏燕：《高职教育园区集群化办学的现状、问题与改革》，《黑河学刊》2011 年第 6 期，第 124～125 页。

（四）产业转移

1. 国际产业转移

国际产业转移是由国际投资和国际资本流动而导致的、促进移入国或转出地区产业结构调整升级的产业转移。通常是指劳动力、内部交易成本、市场等因素发生变化以后，某一产业在不同国家（或地区）间转移的过程。

国家间产业转移现象很早便引起国内外学者的普遍关注。学界一般认为国际产业转移理论发端于 20 世纪 30 年代。日本经济学家赤松要（1956）研究了一种客观现象：日本从承接美国等发达国家的产业转移，发展到自行研发生产并向美国等经济发达国家出口产品，进而向韩国、中国等发展中国家进行相关产业转移。他将这一过程总结为"雁行模式"。[①] 由于日本经济的迅速崛起，越来越多的专家开始关注并研究国际产业转移现象。例如，日本学者小岛清（1987）提出边际产业转移理论：一国对外直接投资应当从本国（投资国）处于或即将处于比较劣势的产业（小岛清将这种产业定义为边际产业）开始，按照边际比较劣势的程度依次进行。[②]

较多学者在定义产业转移的基础上对国际产业转移现象进行了定义。认为产业转移是指由于资源供给、市场需求或竞争优势等发生变化，产业在空间上倾向于从一个地区转移到另一个地区的现象。然而，当这种产业转移发生在国家之间，即某

---

① 〔日〕赤松要：《我国产业发展的雁行形态——以机械仪表工业为例》，《一桥论丛》1956 年第 36 期，第 5 页。

② 〔日〕小岛清：《对外贸易论》，南开大学出版社，1987，第 17~51 页。

些产业由某些国家或地区转移到另一些国家或地区时，即变成国际产业转移（卢根鑫，1997[①]；胡俊文，2003[②]）；范晋峰（2007）认为，国际产业转移是指发生在国家之间的产业转移，是某些产业由某一国家或地区转移到另一国家或地区的现象，即指某一国家或地区的企业按照区域比较优势的原则，通过跨国界的直接投资和国际贸易方式，把部分产业的生产、销售甚至研发转移到另一个国家或地区，从而出现该产业在空间分布方面的迁移。[③]

由此可见，国际产业转移通常指基于资源禀赋、市场需求等发展条件的差异，以国际投资、国际贸易为路径，将产业重心由某些国家或地区转移到另一些国家或地区的现象，其结果会使投资国与承接国的产业结构升级。

2. 产业的集群式转移

一般而言，产业的集群式转移是指一定规模的产业集群因各种利益的需要由一地区整体迁往更适合产业发展的另一区域。随着产业分工格局的变化，产业转移逐渐呈现新的特点：原本处于同一个产业集群内的企业不再是单个行动，而是"组团式"转移到同一目的地（刘友金等，2015）[④]。产业集群转移是产业转移的一种重要的形式和新的发展趋势。近年来，从产

[①]　卢根鑫：《国际产业转移论》，上海人民出版社，1997，第78～82页。

[②]　胡俊文：《"雁行模式"理论与日本产业结构优化升级》，《亚太经济》2003年第4期，第23～26页。

[③]　范晋峰：《跨国公司研发国际化、产业国际转移与中国的对策分析》，东北财经大学硕士学位论文，2007，第3页。

[④]　刘友金、李彬、刘天琦：《产业集群式转移行为的实证研究》，《中国软科学》2015年第4期，第81～86页。

业集群的视角理解产业转移已经引起国内外学者的广泛关注。Sammarra（2005）认为，产业的集群式转移是指原本集聚在某一特定区域的产业集群，在保持内部集群网络完整性的条件下，整体搬迁至另一区域的现象。[①] 丘兆逸（2006）认为，产业的集群式转移是指原本在地理上集中、关系密切的企业群体，整体搬迁到另一区域，但企业存在的网络关系仍具有复制性。[②] 蒙丹（2007）认为，产业集群式转移就是指一个区域的产业集群经由集群内主导企业的带动，整体转移到另一个区域。[③] 毛广雄（2010）认为，产业集群转移是因资源供给、产品需求条件、市场需求变化以及资本动态转化引起的产业集群在国家间或区域间的转移活动，是一个涉及产业集群转移主体、客体和载体动态的网络化过程。[④] 刘友金等（2012）认为，产业集群转移如同生物群落的迁徙一样，在企业生存环境压力或发展需要的驱动下，以集群内的企业为主体，为了继续保持产业集群原有的网络关系，在核心企业的驱动下，以空间一致性和时间先后性为基本特点的企业群体性转移过程。[⑤]

[①] Sammarra, A. (2005): "Relocation and the international fragmentation of industrial districts value chain: matching local and global perspectives", in Blesussi, F., and Sammarra, A. (eds), *Industrial Disricts, Relocation and the Governance of the Global Value Chain* (Padua: Cleup), pp. 61 – 70.

[②] 丘兆逸：《实施产业转移的模式实现西部经济腾飞》，《探索》2006 年第 1 期，第 146 ~ 149 页。

[③] 蒙丹：《以集群转移的模式促进东部劳动密集型产业的转移》，《商场现代化》2007 年第 18 期，第 258 ~ 259 页。

[④] 毛广雄：《产业集群化转移：理论述评及启示》，《统计与决策》2010 年第 6 期，第 154 ~ 157 页。

[⑤] 刘友金、袁祖凤、周静：《共生理论视角下产业集群式转移演进过程机理研究》，《中国软科学》2012 年第 8 期，第 119 ~ 129 页。

随着经济全球化和国际产业分工体系的不断深化，产业集群式转移更多地在国与国之间发生。本书将关注国际产业集群式转移现象，即位于同一产业链上的企业或具有产业关联的企业在进行国际产业转移时，其中全部或部分企业选择集体行动，在东道国（或承接地）形成产业集群的现象。

二　基本关系原理

（一）产业合作与产业关联

产业关联是指在经济活动中，各产业之间存在广泛的、复杂的和密切的技术经济联系。产业关联研究适用于针对某一区域内产业间关系的分析，强调的是产业间无目的的联系。一般而言，产业合作以实现融合共生、互利共赢为前提，追求各方全方位、多层次、深度持久的合作。从这个角度讲，产业合作与产业关联存在着差异，产业关联既可能是产业对接合作的前提，也可能是产业对接合作中形成的一种现象，是产业对接合作的重要组成部分，当然，它与产业合作存在着一定的联系。

当研究背景上升到两个国家之间，双方间的产业关系就可能基于资源禀赋、市场需求等发展条件的差异，在国际政治和经济发展战略、产业政策等综合因素的作用下，为实现互惠互利目的而关联或合作。此时，产业关联将较难全面概括国与国之间（或区域间）有目的性的产业联系。鉴于此，本书认为，对中国与南非之间的产业关系用产业合作来描述更为恰当。

（二）产业合作与国际产业转移

如前文所述，国际产业转移是基于比较优势及产业梯度的资本、技术等生产要素在不同国家（地区）间发生迁移的现象。产业转移不可能随意发生在两个国家或地区间，而需要以一定的产业联系为基础。产业合作的目的性是产业转移的动力之一；而产业转移过程中，母国（转出地）可以与东道国（承接地）形成更为紧密的产业协作关系，这也是两个国家或地区间产业对接合作关系不断深化的过程。因此，国际产业转移可以被看作产业对接合作深化发展的一个阶段，从狭义上理解，国际产业转移本身就是一种产业对接合作。

本书研究的主要是中南两国之间基于产业转移所建立的合作关系，重点探讨中国对南非直接投资所引发的产业转移，以及其对中南两国产业发展的影响。

（三）产业合作与产业结构的优化

对产业合作与一个国家或地区产业结构关系的研究随着经济全球化的发展成为学者关注的热点。不少学者研究产业合作对双方产业结构优化的影响。一方面，有学者认为，产业合作对双方产业结构的优化升级起正向作用（张蕴如，2001[①]；孙晓华等，2010[②]）。另一方面，有学者从技术积压和控制、产业结构调整

---

① 张蕴如：《加工贸易与开放式产业结构升级探析》，《国际经贸探索》2001 年第 3 期，第 30～33 页。
② 孙晓华、周玲玲：《异质性、技术创新与产业演化》，《产业经济评论》2010 年第 4 期，第 80～92 页。

路径偏差与路径依赖、对东道国产业和内资的基础效应等角度考虑，认为产业合作对东道国产业结构有负向影响（吕政等，2006[1]）。少数学者研究产业结构优化对产业合作的反馈和影响，认为通过产业结构优化奠定良好的产业基础是实现双方深度合作的保证（陆佳琦，2018[2]）。

综上所述，产业合作的前提之一是合作国（或地区）之间的产业结构存在着一定的互补性；产业合作的最终目标和结果，体现为合作双方的产业结构优化升级。值得注意的是，产业合作所引发的产业结构优化升级通常是渐进性、累积性的，在不同的合作阶段，对产业结构优化升级所起到的作用会有所不同。

（四）产教融合与集群化

产教融合发端于职业教育领域，后扩展至高等教育领域，并辐射产业领域，兼具教育性与产业性。[3] 通过职业院校专业结构与产业结构对接，自上而下建立专业和产业对接的高层布局；通过培养具有良好职业态度、职业技能和职业资格的多元化技术技能型人才为产业发展提供支持。

产教融合的本质属性最终体现为集群的生成，集群化是职业教育深化产教融合的应然条件。产教融合机制能够促进政府、行业、企业、职业院校间的紧密结合，加强政府、行业、企业、职

---

[1]　吕政、曹建华：《国际产业转移与中国制造业发展》，经济管理出版社，2006，第 99 页。

[2]　陆佳琦：《金砖国家产业结构优化与升级合作》，《东北财经大学学报》2018 年第 5 期，第 35~40 页。

[3]　郑金洲、程亮：《瞿葆奎教育学论要》，福建教育出版社，2018，第 121 页。

业院校间的沟通与合作，使政府、行业、企业、职业院校能够互相促进，实现共同发展。产教融合发展到高级阶段，通过组建职教集群、产业集群等方式，构建起政府、行业、企业、职业院校等各方参与的校企产教融合平台，通过建立职教集群与产业集群的互动机制，实现优势互补、资源共享的发展目标，并进一步促进校企合作的高效运行与发展。

第二章
国际产教融合实现机制与
国内外经验典型案例

一　国内外产教融合经典模式与实现机制

（一）德国产教融合："双元制"模式

1. "双元制"模式的内涵及发展

德国的产教融合模式以"双元制"为主要特点，"双元制"职业教育是一种将企业与学校、理论与实践高度结合的职业教育制度，该模式起源于20世纪中期德国的职业教育。当时，企业规模的扩大，使得企业对专业技术人才的需求增加，因此，企业会将员工送到学校学习，这样一来，企业与学校的联系加深了，"双元制"教育模式也由此产生。"双元制"中的双元即是学校与企业，其运作模式主要是学生在取得普通高中毕业证书或者专业定向高中毕业证书之后，参加与学校合作公司的面试，面试成功之后即与企业签订劳资合同并在企业与学校两个场所分别进行理论与实践的学习。该种模式下的学制一般为三年，学费是由国家与地方政府补贴1/3，企业资助1/3，学生自己承担1/3。这使学生的学费负担得以减轻，有利于学生将更多的精力与时间投入学习之中。1930 年，在工商大会的推动下，义务职业教育被引入，"双元制"正式形成；1938 年，德国出台相关法律法规；1965 年，与"双元制"有关的职业教育法颁布，该法律对学校和企业之间的合作起到了强制作用。① "双元制"可以衍生出多种不同的培养方式，这得益于其较强的机动性，且应用门槛低，学校和企业可发挥的空间较大，所以该教育模式在德国得到了广泛的应用。② 在德国高校中，运用"双元制"模式比较好的有黑森州应用科技大学、莱茵美茵应用技术大学、吉森大学等学校，并且还逐步发展出了许多不同的形式。

2. 德国产教融合的实现机制

①完善法律制度体系，健全质量评估体系

为保证产业与教育的深度融合和长期融合，德国制定了一系列的法律、法规和管理制度，上至国家法律、政府部门，下至行业组织、企业雇员，完整的法律、制度系统和各组织间的密切配合，确保了产教融合模式下"双元制"教育的具体实施。③ 2005 年修订的《联邦职业教育法》中明确规定，在各行业协会的主管机构中均应设立由 6 名雇主代表、6 名学校代表和 6 名职业学校教师组成的职业教育委员会，对企业职业教育进行管理。④ 行

---

① 崔岩：《德国"双元制"职业教育发展趋势研究》，《中国职业技术教育》2014年第 27 期，第 71～74 页。

② 陈德泉：《德国双元制职业教育的重新审视》，《中国高教研究》2016 年第 2 期，第 92～96 页。

③ 陈莹：《德国双元制高等教育体系研究》，《外国教育研究》2015 年第 6 期，第119～128 页。

④ 赵学瑶、卢双盈：《德国"双元制"培养模式在我国职业教育中应用的再思考》，《职业技术教育》2015 年第 10 期，第 18～23 页。

业协会依法具有教育企业的资格认定、教育规章的制定颁布、教育过程的咨询监督、教育纠纷的调解仲裁、建立专业决策机构、教育期限的修订审批、教育考试的组织实施和教育合同的审查管理这 8 项职能。同时，德国政府还建立了"行会监管、考核分离、过程监督、标准控制"的质量评估体系，赋予行业协会监督职业教育的权力。德国突出行业协会在职业教育中的地位，明确了职业教育产教融合、校企合作过程中行业内企业的主管部门，对参与产教融合、校企合作的企业进行筛选、管理与监督。

②完善条件保障，加强运行管理

为积极管理与监控职业教育产教融合、校企合作的相关活动与行为，德国政府成立了产业合作委员会，负责监督管理学校与企业之间的合作行为。为提高企业参与职业教育产教融合、校企合作的积极性，德国政府给予与学校合作的企业一定的财政补贴，反之则削减拨款直至停止拨款。德国要求国内所有的企业必须向国家缴纳一定数量的职业教育基金，然后由国家统一分配和发放，只有培训企业才有资格获取培训基金，获得培训基金的数量由其培训职业的前景决定。针对职业学校，政府也将为其提供一定的基金，该基金由州和县政府承担，其中州政府承担教师的工资和养老金缴费等，县政府承担校舍建设与维修、提供设备以及管理人员的费用。德国政府在职业教育产教融合、校企合作方面切实履行了治理顶层设计的职责，针对职业教育产教融合、校企合作积极进行调控与管理，充分发挥了政府在推动职业教育产教融合、校企合作过程中的指导与协调作用。

（二）英国产教融合："现代学徒制"模式与实现机制

1. "现代学徒制"模式的内涵和发展

英国职业教育产教融合、校企合作的主要机制是"现代学徒制"，采用现场教学与学校教育相结合的"工读交替"教学模式。英国从 20 世纪六七十年代开始探索"现代学徒制"，1964年 3 月，英国颁布具有划时代意义的《产业培训法》，标志着政府开始对学徒制培训进行直接干预，该法明确规定了产业培训委员会的建立与作用、产业培训的征税和拨款机制等，改变了企业"自愿自助"的培训惯例，为"现代学徒制"发展提供了有效的法律依据和资金保障。20 世纪 70 年代，英国经济进入长期衰退期，失业率居高不下。1973 年 7 月，英国政府颁布《就业与培训法》（Employment and Training Act)，通过"人力服务委员会"对学徒制教育进行干预；其间，人力服务委员会推行了一系列培训计划，如青年机会计划、青年培训计划等。为解决英国日益严重的技术技能型人才短缺问题，20 世纪 90 年代初期开始实施崭新的学徒制改革计划，1993 年 11 月，英国政府开启了崭新的学徒制计划——"现代学徒制"。1994 年，"现代学徒制"在 14个部门开展，主要培养对象是 16 ~ 17 岁的中学毕业生。1995年，该计划被推广到 54 个行业，并实施了面向 18 ~ 19 岁青年的高级"现代学徒制"。到 21 世纪又对"现代学徒制"进行革新，不断健全和完善之。2004 年，政府再次出台重大改革策略，开放参与学徒制的年龄限制，并开启针对 14 ~ 16 岁青年的"青年学徒制"项目。2008 年 1 月，英国成立国家学徒制服务署，推动"现代学徒制"计划实施。2009 年 2 月，英国出台《学徒制、技能、儿童与学习法案》，迎来学徒制新立法时代。当前，"现代学徒制"已覆盖广泛的教育培训领域，拥有层次分明的基本结构，与国家职业资格制度紧密结合，并由培训机构和企业合作实施。① 这种模式在体制上和体系上都将教育同产业紧紧联系在一起，行业企业参与职业教育的课程开发、教学内容、培训标准、教学方式等过程，及时向学校表达自己的人才需求，让学校能够按照企业要求不断调整培养方式，实现人才与企业的完美对接。②

2. 英国产教融合的实现机制

①丰富法律法规，构建有效的组织

英国关于"现代学徒制"的法律体系完善，既有综合性的法规，如《学徒制、技能、儿童与学习法案》，也有单一的法规，如《产业培训法》《教育法》《就业与培训法》《工会和劳动关系法》《继续教育和高等教育法》《学徒制蓝图》《教育与技能法案》《学徒制草案》等，以便全方位保障现代学徒制的顺利实施。

此外，英国一直非常重视职业教育管理机构的建立和管理机制的确立。英国职业教育实行的是中央、地方两级政府管理机制，针对不同的职责成立了不同的部门。行业技能委员会（SectionSkill Council，SSC）负责收集劳动力市场信息，开发国家职业标准，支持职业院校、大学和培训机构维护课程与资格，促

---

① 陈蕊花、刘兰明、王芳：《英国现代学徒制嬗变历程、战略管理及经验启示》，《职教论坛》2020 年第 2 期，第 164～170 页。

② 李俊、李东书：《职业教育产教融合的国际比较分析——以中国、德国和英国为例》，《高等工程教育研究》2019 年第 4 期，第 159～164 页。

进雇主对技能培训的投入。拨款机构（Funding Agency，FA）、教育标准办公室（Office for Standard in Education，Ofsted）作为受政府委托的第三方评估机构，负责对职业院校办学质量的外部评估工作。高等教育质量保证局（Quality Assurance Agency，QAA）负责对英国高等教育质量的评估。职业院校（Further Education College）具体承担职业学校学生培养职责。1964 年颁布的《产业培训法》中提出要按规定设置"产业培训委员会"，负责对产业培训进行管理。英国政府对职业教育的管理是通过成立相应的机构来授权管理。1973 年颁布的《就业与培训法》（Employment and Training Act）提出，通过"人力服务委员会"对学徒制教育进行指导，并推行一系列培训计划。完善的职业教育管理机构和明确的管理机制在职业教育产教融合发展及校企合作过程中发挥了关键性的作用。

②创新运作模式，突出企业职责

在英国，政府引导多方积极参与"现代学徒制"的运行。首先，政府是学徒制培训的重要参与方，直接参与市场供需双方的活动，如参与制定学徒制标准、提供大量资金支持等。与此同时，引导企业主动参与职业教育过程。政府在深化职业教育产教融合、校企合作的过程中赋予企业更多的权利，让行业企业代表进入政府职业教育相关管理机构，企业主导制定职业资格标准，企业参与职业教育过程的实施，在职业教育培训计划中拥有决定权，并给予企业直接开办职业学校的权力。行业技术协会和颁证机构都是民办机构，代表着雇主的利益，因此，制定的职业资格标准和课程标准都基于雇主的利益需求。

企业在职业教育中所享有的丰富权利，大大提升了企业参与职业教育的积极性与责任感，这种基于企业需求的职业教育产教融合、校企合作的方式，通过法律机制得到了固化，一方面，企业利益得到了来自政府的保障，另一方面，职业教育的育人计划因为有了企业的参与也更加符合市场的人才需求，既促进了就业，又帮助企业获得更多合格适用的人才。

（三）美国产教融合："合作教育"模式

1. "合作教育"模式

20世纪初，随着美国经济与科学的发展，为了满足技术革新和经济转型的需要，美国企业对高端技术技能型人才以及优秀的产品市场研究人员的需求日益增加，社会对人才培养的要求逐渐增强。针对社会现状，美国政府制定了一系列法律和政策，大力推动学校与企业之间的合作。美国产教融合、校企合作的主要模式是"合作教育"。"合作教育"模式最早由美国提出，核心是整合学校本位学习与工作本位学习。美国第一个合作教育计划始于1906年，是由施奈德教授提出、经辛辛那提大学董事会同意而在该大学工程系实施的一种把课堂教育与工作实践相结合的教育模式。1996年后，美国开始大力实行"合作教育"的模式，大学新生入学之后，先进行半年的学习，继而在学校和小企业之间进行两个月的岗位技能学习培训和专业课的学习，等到毕业前的后半年再进入学校，进行集中学习以及准备毕业事宜。[①]

"合作教育"的最大特点是由学校和企业共同设计培养方案

---

① 林江鹏、朱诗雨：《美日德产教融合的考察与经验借鉴》，《职业教育研究》2019年第6期，第78~81页。

并监督方案的实施，学生一方面在学校学习相关课程，另一方面在企业学习实用技能和具体操作，把所学的知识运用于实际工作中，并可获得工资报酬。学生在企业中并不是固定的角色，企业成为学校训练学生专业课程的场所，为学生提供在真实工作环境下学习的机会。美国常用的"合作教育"种类主要有三种：攻读轮换制、半工半读制和劳动实习制。攻读轮换制是指同专业的学生分批次轮换进入企业劳动或接受培训，一个学期或一个学年一轮换；半工半读制是指学生的学习和实践同时进行；劳动实习制是指参加攻读计划的学生每学年要到校外实习劳动一段时间。不管哪种类型，都需要学校和企业共同协调，合理安排理论学习和实践内容，使学生能够同时获得知识和技能。该方式有效地推动了美国职业教育产教融合、校企合作的发展，为美国培养了大量高水平的技术技能型人才。[①]

当前，随着产教融合、校企合作人才培养模式的不断推进，美国形成了以生产、学习和研发为核心的产学研相结合的教育模式，鼓励学生创新创业成为产教融合、校企合作的重要任务。企业与学校为学生提供创业所需的物质条件，让大学生可以充分发挥自己的才思，打开新奇的创业思路。同时，学生可以将自己的新思路提供给与学校合作的企业，为企业发展注入新的活力，最后形成双赢的局面。[②] 此种人才培养模式，为美国科学技术的发

---

① 韩永强、李薪茹：《美国职业教育与产业协同发展的经验及启示》，《中国成人教育》2017 年第 4 期，第 111 ~ 115 页。

② 杨蕾、王诗宇、赵雪莹等：《美国创新创业型人才培养：趋势、亮点、典型模式及经验借鉴》，《河北农业大学学报》（农林教育版）2017 年第 1 期，第 5 ~ 9 页。

展以及产品的不断升级打下了良好的基础。

2. 美国产教融合的实现机制

①加强组织建设，完善保障机制

为维持职业教育产教融合、校企合作的稳定发展，美国建立起一个完善的职业教育产教融合、校企合作保障机制，包括法律保障机制、经费保障机制和组织保障机制，这是由联邦及其州政府所供应的。

从 1963 年起，美国政府先后颁布了《职业教育法》《联合培训方案》《职业教育法修正案》《从学校到工作机会法案》《职业培训协作法》等法律，为职业教育产教融合、校企合作的发展营造了良好的法律环境。为吸引企业参与职业教育，美国建立了实习成本补偿机制，为企业提供了多样化的资金补助，包括减免税收、财政补贴和设立专项资金等。除此之外，美国为使职业教育产教融合、校企合作顺利开展，成立了专门的机构来指导、管理、监督和协调职业教育产教融合、校企合作，如 1992 年成立了国家合作教育委员会，并要求参与合作教育的学校设立合作教育部，负责管理学校同企业合作的相关事宜。这些保障机制的设立，保证了美国职业教育产教融合、校企合作的长期开展，减少了企业及学校参与职业教育产教融合、校企合作的损耗，避免出现因参与主体利益无法得到保障而造成参与积极性降低的现象。

②注重协同合作，发挥行业协会作用

美国政府建立了广泛的产业、行业与职业教育的协同关系，积极发挥行业协会、商会的作用。自 1963 年起，美国颁布的一系列职业教育相关法律从立法上逐步明确和完善了行业协会参与职业教育的权利、途径与方法，同时也对其进行了约束，如要求

"社区学院与行业企业必须建立协作关系，职业教育训练实施的具体标准、实施办法和评价指标体系必须在行业协会参与下完成等"①。

美国将行业协会等中介组织依据层次分成三类，分别是：国家层面的中介组织、地方层面的中介组织、这两种模式之间的州层面中介组织。这些中介组织在美国拥有巨大的影响力，并充分发挥其自身影响力来吸引企业参与职业教育。行业协会等中介组织作为美国职业教育产教融合、校企合作的推动者，是职业教育产教融合、校企合作发展的不竭动力，行业协会的积极参与有助于美国校企协同发展机制的建立，帮助学校和企业之间建立联系。

（四）中国产教融合："多样化"模式

中国产教融合模式较为丰富，中国高职院校从改革开放以来，依据各个地方的不同情况，因地制宜地发展出了诸多人才培养模式，应用较为广泛的有"订单班""专业共建""工学交替""1+X"等模式。

1. "订单班"模式

"订单班"模式是高校采用较多的校企深度合作模式，如"宝马班""吉利班"等。主要形式是学校与相关企业签订联合办学协议，在招生中单独设立企业定向培养班，学校与学生签订招生就业合同，在合同中详细规定毕业生的工作岗位、技能要求、工资待遇等。在学生培养过程中，由学校和企业共同完

---

① 邓佳楠、邓志军：《美国行业协会参与职业教育的模式及特点》，《东华理工大学学报》（社会科学版）2014年第3期，第261～263页。

成授课，使学生达到企业岗位需求，为企业输送高水平的技术管理人员。

首先，实施订单培养的高职院校通常会在新生报到伊始就进行第一次分轨，即依据录取专业将学生分入不同的专业二级学院，如金融学院、机电工程学院等，在此基础上依据招生生源差异将学生分为"普高生""三校生""3＋2"学生，并将各种类型的生源单独组班。通常在入学第二年对学生进行第二次分轨。每年4月左右，企业向学校提交下一年度订单培养需求信息，依据校企合作培养协议组织订单班初选，之后，企业进入校园与学生就岗位进行双向选择，有意愿且通过笔试与面试的学生将与企业签订订单培养协议。在正式完成订单班的组建后，学生课程安排和日常管理随即由原二级学院转移到"订单培养学院"，此类学院是为实现学校人才培养与企业岗位需求的无缝衔接、增强人才培养的针对性和职业性而设立的专门负责订单培养工作的二级学院，如浙江金融职业学院的"银领学院"和上海立信会计金融学院的"浦江学院"等。其次，学校的专业培养与企业师傅的技艺传授为保证订单培养质量提供最优化的规制性路径。在课程设置层面，学校和订单企业共同制定人才培养方案和教学标准，共同设计订单培养课程，除开设常规的专业课程外，还增设职业岗位技能课程，如金融类订单班会开设银行业务技能课程，并在课程中增设企业组织文化、业务流程、规章制度等内容。在师资配备层面，打造双师团队，双方共同选派教师，企业选派业务骨干或管理层人员对学生的岗位技能、组织文化和职业价值观进行培训，学校选派的教师主要负责公共基础课和专业理论课。在实训基地拓展层面，重视工学结合。为强化学生的职场体验，学校与订单单位共建生产性实训中心，在校生经过培训后进入该中心顶岗实习。在教学组织形式层面，学校通常在第五学期实行半工半读，学生部分时间在学校接受系统培训，另一部分时间在订单企业跟岗实习；第六学期订单班学生直接到订单企业进行顶岗实习。通过这种人才培养和考核制度，规范了校企合作的订单培养模式，从制度层面为学生的订单培养质量提供保障。[①]

2. "专业共建"模式

"专业共建"模式是以学校为主体，结合最新行业发展，进行行业深入调研，结合企业实际岗位需求，完成专业人才培养方案、教学计划及教学内容的重新设置。高校和企业共享师资，聘请企业高技能型人员兼职教师，职业院校教师进入企业进行理论和实践培训。同时，学校与企业共建校外实训实习基地，定期安排学生进入企业实习，接触企业最新技术，毕业后可以直接上岗，完成毕业生与企业高效对接，解决学生就业率和企业用工荒问题。

3. "工学交替"模式

该模式的基本特征是，学生到学校后，第一学期首先在企业进行实践学习，企业负责传授学生基本的专业思想以及给学生进行入学教育，并让学生轮岗实践，在不同的技术岗位实践学习；第二、四、五学期学生在学校接受老师所传授的课堂理论知识；第三学期学生又到企业进行全顶岗的实践学习；到第六学期，学生能够独立上岗，学校和企业要求学生在此学期上岗进行毕业实

---

① 孔德兰、蒋文超：《现代学徒制人才培养模式比较研究——基于制度互补性视角》，《中国高教研究》2020 年第 7 期，第 103 ~ 108 页。

践并完成毕业设计。"工学交替"这种模式能够让企业参与学校人才培养的全过程，这种参与是全方位的，包括培养方案、教学计划、实践环节、考核标准等，而且学生在这种模式培养下具有双重身份，即"员工"和"学生"，能够将课堂知识与企业要求的实践技能更好地衔接起来。[①]

4. "1 + X" 模式

① "1 + 2" 模式

该模式的培养过程是：第一阶段，学生在学校学习两年的理论知识，培养自身的综合职业素质，学校以课堂的形式传授学生专业知识；第二阶段，第三学年在企业完成人才培养方案规定的课程学习、顶岗实习、专业综合实践等教学环节，将所学的理论知识进行实践，企业给予学生相应的劳动报酬，一年以后，学校对学生的学习情况进行考核和毕业评定，并进行就业指导。学生通过一年在企业的学习和生活，可以熟悉企业的设备和企业文化，并将在校所学知识在实际岗位中及时、充分地运用，以此提高自己的综合素质。但是，经过多年的实践发现，学生在第三年直接进入企业会出现跟不上企业节奏的状况，包括知识储备和实际动手能力都不能达到企业的标准。尽管企业安排专人负责指导学生，但是学生还是不能很快地融入企业。

② "1 + X" 模式

为解决此问题，国家提出以"1 + X"证书制度为指引，结合各个专业的特点打造与时俱进的校企合作方案。国家职业教育

---

① 魏振东：《产教融合背景下高职院校人才培养模式创新研究》，云南大学 2019 年硕士学位论文，第 14 页。

改革实施方案中指出，从 2019 年开始，在职业院校、应用型本科高校启动"1 + X"证书制度试点工作，其中，"1"为学历证书，"X"为若干职业技能等级证书。[①]

为深化复合型技术技能人才培养培训模式改革，部分职业学院启动"1 + X"证书制度试点工作，即把学历证书与职业技能等级证书结合起来，以学历证书全面保障学校教育的人才培养质量，以职业技能等级证书保障毕业生、社会成员职业技能水平，确保其职业活动和个人职业生涯发展所需的综合能力。学校通过培育培训评价组织、开发职业技能等级证书、融入专业人才培养、实施高质量职业培训、严格职业技能等级考核与证书发放、探索建立职业教育国家"学分银行"、建立安全管理即监督与服务机制等方式，使得学生在获得学历证书的同时，努力取得更多各类职业技能等级证书，拓展学生的就业创业能力，缓解结构性就业矛盾。

值得指出的是，在中国产教融合发展的一般模式框架下，一些高职院校结合自身特色和当地企业发展需求，还开发出不少具有特色的产教融合模式，如基于产业园的产教融合模式，校企共建技术研发中心模式，集团公司主导下的双师团队共建模式，校企合作共建二级学院模式，校企共建学生工作室模式，等等。学校基于这些人才培养模式，为企业培养了大量高素质技术技能型人才。

---

① 于洪涛、林忠会、董红梅、张岩：《基于"1 + X"证书制度的高职院校校企合作新模式探究——以黑龙江农垦职业学院计算机网络技术专业为例》，《职业技术》2020 年第 5 期，第 119 ~ 120 页。

二　国际产教融合典型案例

（一）丝路国际学院

2016年12月，教育部学校规划建设发展中心、中兴通讯和北京华晟经世信息技术有限公司联合发起倡议，推动成立"一带一路"国际化人力资源联盟，力图通过建立联盟合作机制，整合优势资源，凝聚政府、高校以及企业的共识与合力，建立跨国家、跨行业、跨学科的国际化人才培养和人力资源配置机制，打造国际化人力资源服务平台，实现产教融合创新发展，打造"一带一路"背景下，中国企业人力资源管理的变革与创新发展模式，共同助力"一带一路"人才智库建设。

在此基础上，为适应共建"一带一路"中企业、国内高校及海外高校的需求，筹建"丝路国际学院"。丝路国际学院由中外高校、企业合作建设，以产教融合、校企合作为主要方式，以培养技术技能型人才为重点，满足企业国际化人才需求，将学历教育、继续教育、技术应用和社区服务集成一体，形成培养国际化人才的蓄水池。丝路国际学院具备五项核心功能：一是作为高校人才国际化基地，实现留学生学习实训、职业化语言能力提升、国际化职业素质提升和定制化培养；二是作为教育交流中心，实现教师进修与国际交流、国际人力资源合作、文化交流与信息的对接，实现丝路人才共享；三是作为企业海外培训中心，实现本地员工和中方员工趋于客户需求的职业认证培训；四是作为企业展示中心，实现解决方案与产品的展示与体验；五是作为企业海外客户支持中心，实现海外客户售后服务和体验管理。学院作为一个开放式平台，可以展开国与国的合作、高校与企业的合作、高校与高校的合作、企业与企业的合作，努力实现各方的共建、共享、共赢。

在丝路国际学院筹建过程中，不断有高校、企业加入。2017年，西安交通大学、西安国际港务区、西安国际陆港投资发展集团有限公司正式签署《"一带一路"人才培养战略合作框架协议》。根据该框架协议，三方将充分发挥各自优势，通过建立"一带一路"国际化人才培养互动式体验中心、共同创建在线培训平台、共建丝路国际学院下属的"西安工程师学院"，打造"一带一路"人才培养实训基地和众创中心，开展面向"一带一路"国家的人才培养和智库建设，既为西安国际化大都市建设提供人才支撑，也为共建"一带一路"培养国际化、专业化的实用性人才。在丝路国际学院建设过程中，中兴通讯是重要的支撑力量之一。中兴通讯学院以在共建"一带一路"沿线的印尼、马来西亚、印度、巴基斯坦、埃塞俄比亚、埃及等国家的16个海外培训中心为载体，使其和其他企业、高校共享，并成为丝路国际学院计划的组成部分。这些培训中心不仅拥有丰富的ICT技术培训经验，同时作为教育平台，还能与企业、高校一起，提供能源、电力、交通等行业的培训服务，为其他企业输送优秀本地人才，大大节约了当地企业人才获取成本。此外，中兴通讯在实施国际化战略的过程中，还通过与海外高校合建丝路国际学院，培养本地人才。2017年10月6日，中兴通讯与意大利罗马二大（University of Rome "Tor Vergata"）合建意大利"丝路国际学院"。意大利丝路国际学院定位为中兴通讯学院欧洲分院，意大利丝路国际学院面向欧洲提供知识培训服务。知识培训服务覆盖5G、光通信、数据通信、核心网、云计算等技术类培训服务，以及创新的商业模式和经营理念等管理类培训服务。学院为公司在意大利培养引进本地人才，助力公司国际化发展战略的同时，还开展面向社会人士的培训和专业认证，提升本地人才专业能力，促进就业。

（二）AHK 中德化工职业培训基地

近年来，上海石化工业学校开展校企合作、实现产教融合战略，尤其是国际化办学特色日益凸显。2002 年，上海石化工业学校与德国拜耳公司合作，在全国比较早地开启职教人才的"订单班"培养模式，2006 年与欧洲 EBG 集团合作，试点学生获"德国 AHK 技师"短训班国际证书；2012 年，与德国 BBZ（德国著名的职业教育学校）联合开发了培训化工操作员的八门核心课程；2014 年对接巴斯夫，为德国企业量身定制国际水平技能人才；2015 年，与 AHK（德国驻外商会）创新开发职教人才双元培养本土化实施方案。

2018 年，AHK 依托上海石化工业学校成立了中国首家 AHK行业类职业培训基地——AHK 中德化工职业培训基地。该基地在 AHK 中德化工专业建设指导委员会和 AHK（中国）化工考试委员会指导下，以上海石化工业学校、化工跨企业培训中心和世界知名化工企业为引擎，助推全国职业院校化工类专业教育的发展。基地通过系统引入具有国际一流标准的德国化工类专业"双元制"培养模式，建立 AHK 化工操作员本土化标准，建构 AHK化工职业教育本土化实施方案，形成符合 AHK 标准的教学大纲及课程体系；并依据 AHK 标准的实训教学大纲设有丰富的实践教学项目。在 AHK 中德化工职业培训基地，学生通过职业院校的学历教育和企业的职业技能培训，并通过职业院校和 AHK（中国）化工考试委员会组织的双重考试，即可获得由学校颁发的相应学历证书和 AHK（上海）颁发的德国职业岗位资格证书。

AHK 中德化工职业培训基地不仅是上海石化工业学校自身实施 AHK 化工操作员本土化标准的基地，也是中德双方推广 AHK 化工操作员本土化标准的摇篮。在职前教育中，基地发挥示范引领与辐射作用，助力全国职业院校化工类专业在课程开发、资源拓展、师资培训等方面工作的推进，实现人才双元培养模式的本土化落地实施。在职后教育中，基地着力面向化工类企业员工和社会人员的在职培训，借助 AHK 职业资格体系，切实提升员工专业技能与素养，使他们成为高水平、高素质、具有国际视野的复合型技术人才。

（三）"NSAR 中英轨道交通学院"

2019 年 2 月，"NSAR 中英轨道交通学院""NTAR 中英轨道交通公共实训基地""中国高科技能教育院校合作示范中心""培生技能国际资源中心"正式落户嘉兴南洋职业技术学院，标志着一条中英共建的"人才培养高速公路"正式"通车"，是国际化产教融合的典范。

此批中英技能合作项目由教育部学校规划建设发展中心、英国国际贸易部教育与技能司牵头，由嘉兴南洋职业技术学院、英国技能优才中心、英国培生集团、中国高科集团等共同创建，是中英技能和应用型紧缺人才培养综合服务平台，将英国的行业教育经验引入中国的职业教育中,旨在借鉴英国"现代学徒制"模式,充分发挥中英两国在技能教育方面的优势,培养国际化的高素质技术人才。

其中,"NSAR 中英轨道交通学院"和"NTAR 中英轨道交通公共实训基地",是由英国国家铁路技能研究院选定的合作项目,将原汁原味地引进英国铁路行业的系统和标准,通过学校实践形成具有中国特色的教育体系和教育标准,使学校的职业教育更加国际化;"中国高科技能教育院校合作示范中心"则是社会资本和职业教育的全面融合;而"培生技能国际资源中心"的合作方培生集团是国际著名的培训、出版和职业资格认证机构,这也是其首次把职业技能培训功能放在中国。"NSAR 中英轨道交通学院"采用英国的"学位学徒制"培养模式,即学生经过三年培养后,可以申请英国留学,攻读一年本科、两年硕士学位。"学位学徒制"是英国"现代学徒制"的升级版,让职业教育的学历文凭与学术教育殊途同归,从制度上摆正了职业教育和学术教育两方面的关系。

此外,嘉兴南洋职业技术学院现有共建"一带一路"沿线十一个国家的留学生,伴随着中国高铁走出国门,在充分整合中国和英国轨道交通优势的情况下,这些产教融合项目将形成"中国+英国"服务第三方的模式,服务"一带一路"共建国家。

(四)比勒费尔德应用科技大学

2020 年 8 月 14 日,海南省人民政府与德国比勒费尔德应用科技大学签署了战略合作协议。这是海南省落实《海南自由贸易港建设总体方案》关于"允许境外理工农医类高水平大学、职业院校在海南自由贸易港独立办学,设立国际学校"规定,引进境外高水平优质教育资源、加强中德高等教育特别是高等职业教育合作的亮点项目。

德国比勒费尔德应用科技大学在海南自由贸易港独立办学，是中国境内第一所境外高校独立办学项目，也是德国公办高校首个在国外独立办学项目。该校引入德国"实践嵌入式"高等教育模式，开办大学学士学位和硕士学位教育，首批拟开设经济信息、企业经济、经济工程、智能物流、智能科技、机电一体化、应用自动化、数据科学、工业设计与服务、企业管理、工程管理等专业。旨在促进海南自由贸易港建设和德国在华企业发展，培养高素质、国际化人才，推动德国优质企业资源落户海南，推动中德全面交流合作。

该办学项目计划落户海南洋浦经济开发区。目前，洋浦经济开发区管委会正在积极规划建设中德产业园，为校企合作、"实践嵌入式"人才培养、科技成果的转化和产业化以及德国大学伙伴企业的入驻等提供必要支持；同时抓紧推进洋浦外国语学校、洋浦国际幼儿园及相关市政基础设施建设，提高医院保障水平，为学校师生提供高效、便利的服务；还将为办学提供人才落户、教师出入境免签、教师个人所得税优惠、入境基建材料及教学设备予以免税等自贸港优惠政策，创造优良办学环境。

三　国内行业高职院产教融合典型案例——常州信息职业技术学院的实践

（一）学校发展概况

常州信息职业技术学院（以下简称为常信院），是全国100

所国家示范性高等职业院校之一、全国毕业生就业典型经验高校、第二批国家现代学徒制试点单位。该院创办于 1962 年，现隶属于江苏省经济和信息化委员会，前身为当时的爱国实业家、江苏省人民政府副省长刘国钧先生资助创建的"勤业机电学校"，后更名为"常州无线电工业学校"，改由常州市工业局主管。1970 年，常州市"七二一"无线电工人学校成立，此后历经常州市无线电工业局工人大学、常州市无线电工业局职工大学。1980 年，学校划归江苏省电子厅，更名为"常州无线电工业学校"。2000 年 10 月，经江苏省人民政府批准由常州无线电工业学校和常州市电子职工大学合并组建成立常州信息职业技术学院。

目前，学院设有计算机科学与技术学院（软件学院）、电子与电气工程学院、机电工程学院、经贸管理学院、外国语学院、艺术设计系等十个教学单位，既精通专业理论又掌握一技之长的"双师型"教师占80%以上，并从企业聘请了 150 多名工程技术人员参与课程教学和实践技能训练。每年选送 60 余名教师到新加坡、德国、加拿大、澳大利亚、韩国和日本等国家进行培训。

（二）常信院产教融合实践

一直以来，常信院十分重视与企业的合作与交流，确立了"校企互动、合作双赢、共荣共生"的校企合作工作理念。在借鉴学习国内外产教融合经验的基础上，常信院认为要想走出人才培养的特色之路，必须打破长期以来单一的办学模式，防止千校一面，构建有利于人才质量提升的多元化办学模式。

常州信息产业园位于常州科教城，是由地方政府、院校主管部门、学校和企业联合打造的融招商、研发、生产、教学、实训和服务为一体的校企合作综合产业园区。园内软件和信息服务产业、创意产业和新兴信息产业，信息家电产业、嵌入式软件和服务外包产业等的发展，为常信院提供了广阔的校企合作平台。依托产业园，常信院被确立为"人力资源和社会保障部、工业和信息化部电子信息产业高技能人才培养基地""常州信息职业技术学院武进高新技术产业开发区人才培养培训基地""江苏软件园人才培养培训基地""台湾正崴精密工业股份有限公司人才培养基地"，建有"西门子自动化联合实验室""SCADA 联合实验室"等。借助信息产业园这一平台，将常信院与企业深度融合，为常信院建设生产性实训基地、组织学生企业实习和教师企业实践等创造了非常便利的条件，创新了"合作办学、合作育人、合作就业、合作发展"的校企合作办学模式。依托信息产业园，常信院构建了"工学交替、两轮顶岗""职业情境、项目主导""产品导向、项目递进""行业订单、项目递进、三证结合""分层递进、工学交替""分布式工学交替"等人才培养模式，其中软件技术专业人才培养基地被评为江苏省人才培养创新实验基地。学校与入驻信息产业园的企业合作，按照"职业、系统、开放"双核课程体系，共同开发了十多部校本教材，开发了若干教学案例；学校与园内企业共建生产性实训基地，给学生提供"工学交替"实习岗位，并安排教师轮流到信息产业园企业任访问工程师，既能积累工程实践经验，也可为企业解决技术问题，共同参与技术研究；同时，园内企业工程技术人员参与常信院的专业设置和专业建设，参与制订教学计划，并确定课程定位、教学内容及课程标准，组织生产性实训教学，成为常信院兼职教师库成员和"双栖型"工程师。

以软件专业人才培养为例。近年来，学校针对软件产业发展、技术应用和人才需求变化，不断调整专业目标和人才培养定位，实现项目育人、协同育人、开放育人，培养了一大批满足产业发展和社会需要的高素质软件专业技术技能型人才。经过多年的实践，学校针对软件技术专业特点，搭建"政、校、行、企、外"多元合作平台，探索并实践"项目主导、多元协同、资源开放"的专业人才培养体系[①]（详见图2-1）。

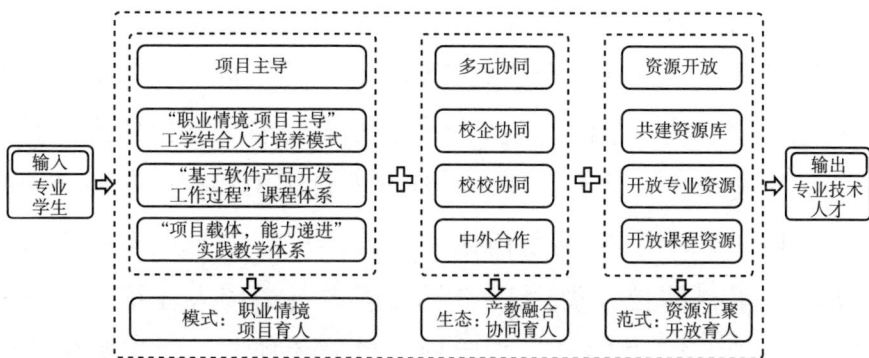

图2-1 "项目主导、多元协同、资源开放"的
软件技术专业人才培养体系

在推进产教融合、协同育人过程中，学校牵头组建由35所院校、21家企业加盟的中国软件产教联盟，搭建校企、校校、中外合作平台，开展校企合作、校校合作、国际合作，形成校企协同育人、校校协同育人、中外协作育人合力，打造软件技术专业"产教融合，协同育人"人才培养新生态。首先，学校依托软件产教联盟，与国内外知名软件企业合作，引进国际技术标

---

① 眭碧霞、王小刚、余永佳等：《项目主导 多元协同 资源开放——软件技术专业人才培养体系的创新实践》，《江苏教育》2019第52期，第60~64页。

准、行业标准、企业项目资源，共建教学团队，共同开发课程，共同培养人才，共商项目合作，共拓就业渠道；成立中软国际、科大讯飞、数梦工场等双主体学院，实施联合招生、协同培养；建立江苏省嵌入式软件工程技术研究开发中心、信飞软件工程研发中心、中兴 ICT 创新基地，实施实境教学，实现教学环境与企业环境融合、教学项目与商业项目融合，学生角色与员工角色合一、教师角色与工程师角色合一。其次，与同类院校合作，强强联合，强弱扶持，优势互补，共同发展：与深圳信息职业技术学院等院校携手，共建专业、共建标准、共建资源、共享成果；与贵州电子职业技术学院等院校合作，捐赠设备，输出资源，派出教师，接纳学生，共育人才；与江苏省丹阳中等专业学校等中职院校开展"3＋3"中高职衔接人才培养；与常州大学、南京邮电大学等本科院校开展"3＋2"高职本科衔接人才培养；与南京工业大学开展"4＋0"应用型本科人才培养，探索与实践了中高职、本科衔接贯通式人才培养模式。最后，搭建境内外交流合作平台，引进国际技术标准、优质教学资源以丰富教学内容，接轨国际标准，获取国际证书；选派师生赴美国、加拿大、澳大利亚、新西兰、新加坡等国家和中国台湾地区学习研修，对接国际技术水平，开阔视野，培养创新意识，提升技术应用能力；先后聘请德国、韩国、印度等国家的教师 19 名，组建国（境）内外教师混编团队，共同开展专业建设、资源建设，实施课程教学和项目指导；与南非—中国文化与国际教育中心合作，培养"一带一路"共建国家留学生，促进技术输出与文化交流。通过联盟建设、机制建设、制度建设，保证了"产教融合，协同育人"的有效实施。

在教学实践中，依据软件产业发展、软件技术应用实际需求、高职院校学生的认知与成长规律，科学合理地构建学生知识、能力、素质结构，学校构建了软件技术专业"职业情境，项目主导"的工学结合人才培养模式，开展以"单元项目、模拟项目、真实项目、企业项目"为载体的多层次、递进式项目训练（详见图2-2）。

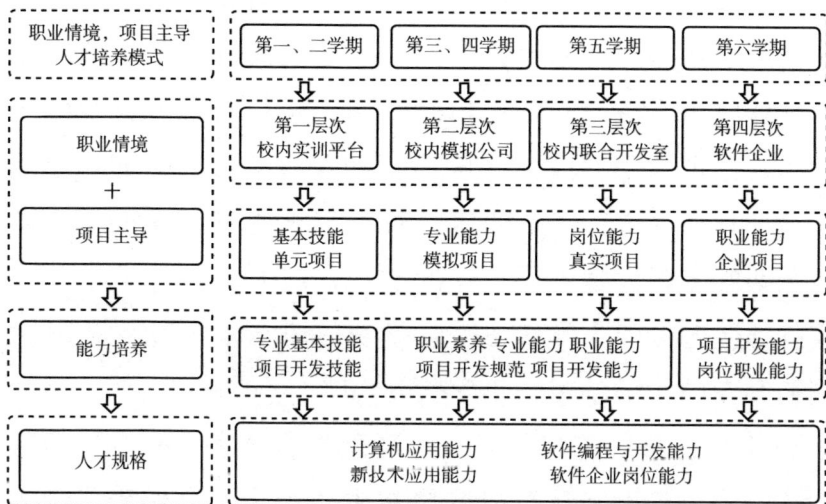

图2-2　"职业情境，项目主导"工学结合人才培养模式

（三）常信院国际化人才培养实践

常信院从很早就开始迈出国际化发展之路，在国际化人才培养方面不断进行探索和实践。通过"引进来和走出去"的双向努力，近年来，该校陆续获评"江苏省高校中外合作办学高水平示范性建设工程""江苏省来华留学生教育先进集体""2017年国际影响力50强"等称号，高端技能人才培养的国际化基础

日渐雄厚。

早在 2006 年，常信院在与韩国明知专门大学互派教师和留学生的基础上，采用"2＋1"的模式（两年在国内，一年在国外），合作开办中韩电子信息技术班，2007 年学校在此基础上增设中韩电气自动化技术班。明知专门大学的电子、电气类专业得到韩国政府的重点支持，设备先进、师资优良、教学模式先进。明知专门大学与韩国许多中小企业合作，该类专业毕业生深受企业欢迎，就业率高。"2＋1"模式的学生毕业后既可选择就业，也有机会在韩国继续深造。学校对赴韩留学的中韩班学生，根据学生的高考录取成绩和在院学习期间的韩语成绩与其他课程成绩进行综合评定，对评定成绩前 10% 的学生减免在韩国明知专门大学学习一年的学费，前 11%～30% 的学生减免在韩国明知专门大学学习一年学费的 50%；其余学生减免在韩国明知专门大学学习一年学费的 30%。

2011 年，常信院与美国恰达河齐技术学院采用"3＋0"模式，招收物流管理和计算机网络技术两个中美合作班。学生在中方学习三年，美方提供相关专业课程，并选派教师来中国授课。学生完成中美物流管理和中美计算机网络技术合作班规定的课程及学分，经考核合格，可获取国内专科学历证书和国外相应的学位证书。

近年来，常州信息职业技术学院联合相关企业，紧密对接"一带一路"倡议，以"中国—南非职业教育合作联盟"为纽带，以"常信院—南非博众学院"为基地，以"中国—南非产业合作与职业教育研究中心"为智库，不断拓宽中南职业教育合作领域，推动职业院校国际化人才培养。

在中国—南非国际化人才培养方面，常州信息职业技术学院2017年即开始布局。2017年初，常信院与南非工业和制造业培训署首次联合设立了留学生技术技能培养公派项目。之后，从师资培训、学生培训、国际化产业学院建设、国际化职教研究中心成立到中南职教联盟合作，多管齐下开展与南非的职业教育合作，取得较明显的成效。主要举措如下。其一，搭建平台，开展对南非师生的培训。自2017年6月开始，开设了南非机电技术专业师资培训，采取项目引导、实践为基、工学结合方式，培训效果明显。该项目连续举办3期。部分受训教师回到南非后参加了金砖国家技能挑战赛指导和竞赛裁判工作，得到主办方的高度肯定。其二，借船出海，成立常信院—南非博众学院。2018年1月30日，常州信息职业技术学院与苏州博众精工、南非中国文化和国际教育研究中心三方携手，共同成立了"常信院—南非博众学院"，设"国内中心"和"南非中心"。"国内中心"由常信院负责建设，苏州博众精工参与建设，提供技术资源；"南非中心"设在南非约翰内斯堡西伊库拉尼职业技术学院。其三，引智筑巢，成立常信院南非研究中心。2018年，该学校成立了中国—南非产业合作与职业教育研究中心。中心由学术委员会、研究人员团队组成，来自国内多所知名大学、南非约翰内斯堡大学、中南职教联盟成员单位的一批学者参与了该研究中心工作。2019年1月，常州信息职业技术学院被选为中国—南非职业教育合作联盟副理事长单位。其四，异地办校，成立南非境内首个"鲁班工坊"。常信院积极整合中国和南非两国优质校企资源，与苏州科茵斯智能科技有限公司、华为技术有限公司南非公司、南非西艾库鲁莱尼职业技术学院等单位合作共建南非"鲁班工坊"。2019 年 12 月，由常州信息职业技术学院牵头建设的南非"鲁班工坊"在南非工业制造业中心艾库鲁莱尼市西艾库鲁莱尼职业技术学院揭牌成立[①]，"鲁班工坊"同时作为南非高等教育与培训部职教培训示范中心、艾库鲁莱尼市政府共建人才培训基地、南非中国经贸协会员工培训中心和华为 ICT 学院，聚焦智能制造和 ICT 领域，为南非培养本土技术技能人才，服务中南企业发展，促进当地产业升级。

四　中国推进产教融合的经验

产教融合是当前职业教育研究和实践的重要领域。职业教育由产教结合向产教融合迈进，凸显了教育与产业、与经济的微妙关系。教育为社会的发展培养人才，是经济发展的助推器，教育与产业的相互合作形成合力，既是国家长远发展的战略，又是实现经济稳步持续发展的有效措施。

到目前为止，职业教育产教融合在理论和实践层面的推进已取得诸多成绩。产教融合的实践即包括职业院校层面的宏观设计，也有专业建设、课程改革等层面的细化探索。近年来，各地职业院校积极响应国家推进产教融合的号召，主动寻求与政府、行业、企业的合作，努力将产教融合落到实处。但与其他国家的职业教育产教融合发展相比，我国在政府、企业、职业院校职责及作为方面尚有鲜明的差异，中国职业教育产教融合在推进过程

---

① 吴云飞、杨曌：《常州信息职业技术学院南非"鲁班工坊"揭牌成立》，http：//epaper. cz001. com. cn/site1/czwb/html/2019 – 12/27/content_ 322813. htm.

中还存在一些不足。

第一，虽然中国也已出台职业教育相关法律——《中华人民共和国职业教育法》，但其中没有体现产教融合参与主体的权利和义务；除此之外，目前中国出台的一系列规章制度大多仅限于引导层面，没有涵盖操作细则和具体相关问责，也未明确规定产教融合参与主体的职权。缺少法律层面的有力保障，中国产教融合相关政策和制度的落实难免会困难重重。

第二，与其他国家相比，中国政府在产教融合方面起绝对主导作用，为了提升职业教育服务地方经济的能力，政府通过多种途径激励企业加大参与产教融合的程度，如中职免费政策的实施以及职业教育诸多专项支持项目的开展，使政府公共财政在产教融合中承担了主要成本。但产教融合机制体制和平台建设尚缺乏系统性融合的整体设计；同时，产教融合的推进涉及若干部门，对产教融合的资源整合力度还不够，监督评价机制也不明确，缺乏针对性，导致政策落实存在问题。

第三，在过去几年中，人口结构变化所带来的劳动力短缺以及快速的技术变革，使越来越多的企业有较强的动力参与职业教育，以保障自己的人力资源供给。然而，在各种激励和约束政策的持续刺激下，学校与政府的关系不断强化，与行业企业的联系却在数量和质量上有下滑的趋势。总体上，企业参与多限于人才培养过程本身，对以专业教学计划为核心的职业教育标准的制定和开发过程参与较少；且企业出于对自身技术水平、盈利状况和人力资源管理等方面的考量，往往不愿意深度参与职业教育，或者在与学校合作时将实习学生或学徒当作廉价劳动力使用；在产教融合中企业参与职业教育的意愿不足、程度较浅、参与范围受限，是中国职业教育面临的重要困境之一。

第四，中国产教融合推进过程中，职业院校主动通过各种方式不断适应产业对技术技能型人才的需求，如依靠关系寻找合作企业，调整培养方案，增加和完善实习制度，聘任企业实践专家作为兼职教师等，但是，产教融合的质量和数量仍难令人满意，其主要原因之一在于高职院校的竞争力不强。一方面表现在专业设置与地方产业调整不相符，教学内容落后，跟不上时代的发展，片面重视理论教学，使学生的实践能力较差，未能给企业提供足够的人力资本支持；另一方面则表现为高职院校的师资力量薄弱，无法为高职院校教育改革和企业的产业升级提供技术上的支持。

第五，在实践中，各方主体对产教融合的认知仍然停留在校企合作、协同育人的初级阶段，并据此制定产教融合方案，这样的产教融合局限于点对点的融合，即一个项目对接一个项目、一个学校对接一个或几个企业、一个学科对接与之关联行业的融合形式，难以统筹建立置于产业带框架中的产教融合形式，产教融合经验积累的可迁移性和实效性有限，使得产教融合的可持续发展受到限制。

未来，在"一带一路"倡议下，产教融合被赋予新内涵与新任务。"一带一路"倡议要求凝聚政府、跨国企业、高职院校的优势，整合优势资源，建立国际化人力资源合作机制，打造国际化人力资源服务平台，建立跨国家、跨行业、跨学科的国际化人才培养和人力资源优化配置机制，实现产教融合创新发展，实现教育国际化与企业国际化。

第三章
中南产业合作的南非基础

一 南非经济发展的基础环境

（一）南非概况

1. 地理位置

南非共和国位于非洲大陆的最南端，面积 122 万平方公里；拥有长 2954 公里的海岸线，东、南、西三面被印度洋和大西洋环绕；北面与纳米比亚、博茨瓦纳、津巴布韦、莫桑比克和斯威士兰接壤，莱索托则被南非领土所环绕。由于地处本格拉寒流和莫桑比克暖流的汇合处，在航海条件比较落后的年代，南非沿岸难以靠近，因此长期处于与世隔绝的状态。直到 1652 年荷兰东印度公司在南非登陆，开始在此地建立白人定居点，经过布尔人、英国人的不断殖民扩张，到 19 世纪末形成今天的版图。自 1994 年以来，南非被划分为 9 个省：东开普省、自由邦、豪登省、夸祖鲁 – 纳塔尔省、林波波省、普马兰加省、西北省、北开普省和西开普省。南非有三个首都：行政首都茨瓦内（2016 年 5 月 26 日改名前称比勒陀利亚）、立法首都开普敦、司法首都布隆方丹。

2. 文化环境

南非是一个多种族、多信仰的国家。主要人口由非洲黑人（80.2%）、白人（8.4%）、有色人种（8.8%）和印度/亚洲人（2.5%）组成；南非宗教呈多元化特征，主要宗教有基督教、伊斯兰教、印度教、佛教、犹太教和非洲传统宗教；根据1996年南非新宪法规定，南非官方语言有11种，其中，英语和阿非利加语为通用语言。1948年，由荷兰人后裔主导的南非国民党（National Party）被选举上台，制定了种族隔离政策——"种族的独立发展"，即以牺牲多数黑人的利益为代价，偏袒少数白人。1989年，在国际社会强大压力和南非人民的英勇斗争下，国民党通过了"五年改革计划"。1994年，南非首次举行不分种族的大选，非国大党与南非共产党、南非工会大会组成的三方联盟获胜，曼德拉出任南非首任黑人总统，这标志着种族隔离制度的结束和新南非的诞生。

3. 自然资源

南非自然资源丰富，矿产资源种类多、储量大、产量高，是世界五大矿产资源国之一。南非威特沃特斯兰德（简称兰德）金矿区是世界最大金矿区。位于北开普省的金伯利钻石矿是世界著名的钻石之都，北开普省西北部还有储量极为丰富的锰矿。据统计，南非已探明储量并开采的矿物有70余种，其中金、铂、铬、锰、红柱石储量居世界首位；储量居世界前列的还有钻石、钒、锌、铀、石棉、铁、银、钛、镍、锑、钨等。此外，南非的煤炭储量也很丰富，产量居世界第五位。南非能源主要依靠煤炭资源，部分采用生物能源、煤变油技术、核能、太阳能和风能。

（二）南非基础设施水平

基础设施水平与减少贫困、创造就业以及可持续发展具有正向关系。近年来，南非正在努力加强基础设施建设，以满足日益增长的经济和人口的需求。当前，南非的基础设施水平居非洲国家之首，为南非经济发展提供了必要的基础保障。但社会基础设施方面仍然面临巨大的不足。

1. 交通运输

南非有较为完备的交通运输基础设施，各主要工业区之间有公路、铁路和空中通道相连，近年来，南非不断加强城镇及经济开发区交通基础设施建设，完善的交通运输系统对本国以及邻国的经济发挥着重要作用。

目前，南非铁路总长约 3.41 万公里，其中 1.82 万公里为电气化铁路，拥有电气机车 2000 多辆。除已有的以约翰内斯堡为中心的 4 条主干线之外，南非下一步的轨道交通建设计划包括建设价值数十亿兰特的连接约翰内斯堡、茨瓦内和坦博国际机场和连接豪登省和普马兰加的莫洛托铁路走廊。南非公路总长约 75.5 万公里，位列非洲第一，分为国家、省和地方三级。年客运量 450 万人次，货运量 310 万吨。此外，南非空中运输发展迅速，拥有各类航运飞机 5900 多架，拥有约翰内斯堡、德班和开普敦等国际机场。每周有 600 多个国内航班和 70 多个国际航班，与非洲、欧洲、亚洲及中东、南美一些国家直接通航。南非航空公司是非洲大陆最大的航空公司之一，也是世界最大的 50 家航空公司之一。此外，南非海洋运输业发达，国家约 98% 的出口都是靠海运完成。主要港口有开普敦、德班、东伦敦等，港口年吞吐量约为 12 亿吨。德班是非洲最繁忙的港口及最大的集装箱集散地，年集装箱处理量达 120 万个。

值得注意的是，总体上南非交通运输系统较为发达，但铁路和公路网络分布不均；同时，南非 95% 的铁路网是 1983 年之前建成的，设施老化制约着南非铁路运能的开发；此外，公路货运量的提升，造成南非运输成本居高不下；投资不足限制了港口能力扩展。南非面临加快铁路、公路联通和港口运力建设，以形成均衡分布、质量较高的交通运输体系的挑战。

2. 电力

南非是非洲电力大国，供应着全非洲 40% 的电力。以用煤为燃料的火力发电为主，有 13 座火电厂，发电量占总量的 90%；此外，还有 1 座核电站、2 座抽水蓄能电站、6 座水电站等。据南非统计局统计，2017 年南非全年发电量为 2551 亿千瓦时，出口 152 亿千瓦时，进口 86 亿千瓦时，电站及辅助系统消耗 191 亿千瓦时，最终配电量 2294 亿千瓦时。除煤炭之外，南非还拥有风能、太阳能等可再生能源，具有巨大的发电潜力，但目前清洁能源发电开发力度不够，且电网基础设施陈旧，无法解决清洁能源间歇性供电问题。

总体来说，南非电力基础设施建设质量不高，发电量较低；同时，工业化进程和大规模电气化计划又在不断加大对用电量和电力基础设施建设的要求。南非电力短缺现象严重、用电成本高制约着南非经济的发展。

3. 通信

南非的通信基础设施建设质量较好，电信网络较其他非洲国家便捷。在经济发展和人口提升的推动下，南非通信业在近年来取得了长足的进步，移动网络普及率达到 100%；在手机的使用上，通信仍是最主要的功能。近年来，电子商务、移动银行、视频音乐等新兴行业在南非兴起和发展。研究显示，2018 年，南非电子商务年复合增长率达到 25%。2017 年，南非网民人数达到 3180 万，网民渗透率达到 58%，处于非洲领先水平。2017 年，网购用户 1840 万，仅次于尼日利亚，排在非洲第二位，网购使用率达 57.9%。

虽然南非在通信覆盖率上已经大幅提升，但仍有人无法使用通信网络，且尚未从通信功能定位过渡到互联网生活助手，通信基础设施建设亟待提高；此外，新兴业务的不断发展，需要互联互通的骨干传输网及 IDC 等基础通信设施作支撑，这对南非网络基础设施建设或改造升级提出了较高的要求。

二　南非经济发展状况

（一）南非经济发展概况

南非属于中等收入的发展中国家，也是非洲经济最发达、劳动生产率最高、经济结构最合理的国家。国际货币基金组织（IMF）2018 年发布的 2017 年统计数据显示，南非是非洲第二大经济体。

自 2008 年国际金融危机后，南非经济进入缓慢增长阶段。GDP 增速明显放缓，2018 年，南非实际国内生产总值（GDP）为 4298.76 亿美元，较 2017 年仅增长 0.8%；其中，农业增加值为 100.78 亿美元，制造业增加值为 528.95 亿美元，服务业增加值为 2724.22 亿美元。但人均 GDP 开始逐年下降，从 2013 年的人均 7563.97 美元下降到 2018 年的人均 7439.92 美元；外债总额总体逐步上升，到 2018 年，已达 1401.93 亿美元。社会失业率总体也呈上升趋势，2019 年，失业率达 28.47%。居民消费价格普遍上涨，2018 年，居民消费价格涨幅为 4.51%。2019 年，南非经济的增长达到国际金融危机以来的最低水平，为 0.2%（见表 3 - 1）。当前，受全球新冠疫情冲击，预计 2020 年南非经济会有较大幅度萎缩，南非政府正积极制定和实施"风险调整战略"，向受疫情影响的企业和工人提供支持，大力推进经济复苏。

表 3 - 1 2013～2019 年南非的主要经济指标

项目	2013	2014	2015	2016	2017	2018	2019
GDP(亿美元)	4061.04	4136.05	4185.42	4205.70	4265.19	4298.76	—
增长率(%)	2.49	1.85	1.19	0.40	1.41	0.79	0.2
人均 GDP(美元)	7563.97	7582.67	7556.77	7482.96	7482.73	7439.92	—
通货膨胀率(%)	5.78	6.14	4.51	6.59	5.18	4.51	4.12
外债(亿美元)	1097.91	1109.70	1065.28	1138.50	1413.24	1401.93	—
失业率(%)	24.57	24.90	25.16	26.55	27.33	26.96	28.47
总出口额(亿美元)	950.63	925.90	802.65	741.11	882.68	935.70	—
总进口额(亿美元)	1033.09	997.94	855.10	747.44	830.31	925.78	—

资料来源：STATSSA, http：//www.statssa.gov.za/? page_ id = 1854&PPN = P0441&SCH = 7647。

（二）主导产业发展状况

南非的经济发展植根于丰富的矿产资源和有利的农业条件。但近几十年来，南非产业发展出现了结构性转变。自 20 世纪 90

年代初以来，南非经济增长主要由批发和零售贸易、旅游、通信等第三产业推动。当前，南非的支柱产业有农业、采矿业、制造业、建筑业、金融服务业等（详见表3－2）；其中，维持南非经济运转的关键部门是制造业、批发和零售业、金融服务业、运输业、采矿业、农业和旅游业。今后，南非将朝着知识型经济迈进，更加注重技术、电子商务、金融和其他服务业的发展。

表3－2　主导产业对南非GDP的贡献值（constant 2010 prices，Rand million）

单位：百万兰特

产业	2013	2014	2015	2016	2017	2018
农业	71143	75982	71515	64305	77857	74157
采矿业	230772	226791	234247	225035	234522	230514
制造业	381173	382498	380781	383903	383189	386884
水、电、气	68289	67622	66364	64956	65329	65932
贸易、餐饮和住宿	408968	414826	423365	430406	429223	431669
运输、仓储和通信	250129	258906	262458	265363	268994	273193
金融、房地产和商业服务	576707	592352	604767	616301	628972	640368
政府服务	450454	464664	468396	471158	472497	478693
私人服务	159530	162367	163791	166659	168834	170530

资料来源：STATSSA，http：//www.statssa.gov.za/? page_ id＝1854&PPN＝P0441&SCH＝7647。

（三）劳动力就业状况

2001～2017年，南非的就业人员数量增长了360万人，达到目前的1610万人；其中，专业人员领域就业率增长最快，17年间，这一领域的就业率增长达到133%。从行业分布上看，

2018 年，农业就业占总就业的比例为 5.16%，工业就业占总就业的比例为 23.24%，服务业就业占总就业的比例为 71.6%。

目前，市场对就业人员的需求更偏向技术工，尤其是受教育程度较高的劳动力。据南非统计局的数据显示，南非青年的就业、技能水平有了全面的改善，但是这种改善与人种有着很大的关系。白人青年中技术型就业增长最快，印度和其他亚裔青年中技术型就业增长其次，黑人青年中技术型就业增长却步履蹒跚。南非就业市场，在吸纳黑人和有色人种技术工方面较差。因此，造成了一方面南非就业市场需求旺盛，另一方面，失业率居高不下。2018 年，南非失业率为 26.96%，且呈上升趋势，失业人员中低学历人员和有色人种居多，15~29 岁年轻人中，处于既无工作又无教育或者培训状态的比例达到 36%。[①]

（四）南非对外贸易发展状况

1. 外交政策

自 1994 年新南非诞生以来，南非政府外交政策在调整中日渐发展成熟。曼德拉政府以"南非外交政策六原则"重塑南非的国际形象并成功重返国际社会；姆贝基政府以"非洲复兴"思想为切入点顺利融入非洲。南非新政府总体奉行独立自主的全方位外交政策，主张在尊重主权、平等互利和互不干涉内政基础上同一切国家保持和发展双边友好关系。目前，南非对外交往活跃，国际地位不断提高，已同 186 个国家建立外交关系。积极参

---

① OECD, *Getting Skills Right*：*Good Practice in Adapting to Changing Skill Needs*：*A Perspective on France*，*Italy*，*Spain*，*South Africa and the United Kingdom*. （Paris：OECD Publishing，2017）.

与非洲大湖地区的和平进程以及津巴布韦、南北苏丹等非洲热点问题的解决，努力促进非洲一体化和非洲联盟建设，大力推动南南合作和南北对话。南非是联合国、非盟、英联邦、二十国集团、不结盟运动、环印度洋地区合作联盟、金砖国家、国际民航组织、世界卫生组织等 70 多个国际组织或多边机制的成员国，也是非盟和平与安全委员会成员、非洲发展新伙伴计划实施委员会成员。2004 年，南非成为泛非议会永久所在地；2007～2008年、2011～2012 年、2019～2020 年，南非担任联合国安理会非常任理事国；2010 年 12 月，被吸纳为金砖国家成员；2013 年，将中国作为其对外政策的战略支点和优先方向。

2. 主要贸易国

南非实行自由贸易制度，是世界贸易组织（WTO）的创始会员国。南非与其他非洲国家保持良好的合作关系，与欧盟、美国等国也是传统的贸易伙伴关系，近年与亚洲、中东等地区的贸易在不断增长。

1998 年，南非与中国正式建交，之后，中国和南非签署了多项投资、贸易、技术和税收等双边经济合作协议。中国是南非最大的贸易伙伴，双方关系已提升为战略伙伴关系。博茨瓦纳是南非在非洲最大的贸易伙伴，两国签署了谅解备忘录，加强在农业、卫生、矿业和能源等领域的联系。南非和莫桑比克有着良好的历史和睦邻关系，双方建立了南非—莫桑比克国家元首经济双边委员会、联合预防犯罪委员会，并制定南部非洲发展共同体和非洲联盟的政策，执行新伙伴关系项目，共同推进双边关系发展。南非和纳米比亚在许多领域有着密切的合作，例如在空间发展倡议、旅游合作、能源发展及其他与南部非洲共同体有关的领域。此外，德国、美国、英国、日本、印度和沙特阿拉伯等国家也是南非的主要贸易伙伴。

从出口地国别（地区）看，中国是南非的第一大出口国。2018 年，南非对中国的出口额为 85.4 亿美元，占南非出口总额的 9.13%；此外南非对德国、美国、英国的出口额分别为 67 亿美元、63.6 亿美元和 48.1 亿美元，这三国也是南非较为重要的出口市场（详见表 3 – 3）。

表 3 – 3　2018 年南非十大出口国贸易国及所占贸易出口比例

国家	出口额（美元）	出口占比（%）
中国	8542669989	9.13
德国	6702747628	7.16
美国	6357391256	6.79
英国	4813868347	5.14
日本	4475030558	4.78
印度	4423473285	4.73
博茨瓦纳	4066101616	4.35
纳米比亚	3559638476	3.80
莫桑比克	3217223745	3.44
荷兰	3104567499	3.32

资料来源：Global Edge Statistics，https：//globaledge. msu. edu/countries/south – africa/tradestats。

从进口地国别（地区）看，中国是南非的第一大进口国。2018 年的进口额为 170.8 亿美元，占南非进口总额的 18.40%；此外，南非对德国、美国和沙特阿拉伯的进口额分别为 91.2 亿美元、55.3 亿美元和 54.1 亿美元，进口额占比均在 5% 以上，也是南非较为重要的进口来源地（详见表 3 – 4）。

表 3 - 4　2018 年南非十大进口伙伴贸易额及所占比例

国家/地区	进口额(美元)	进口占比(%)
中国	17079880558	18.40
德国	9117637822	9.85
美国	5531678054	5.98
沙特阿拉伯	5407346673	5.84
印度	3846237223	4.15
尼日利亚	3833969164	4.14
中国台湾地区	2901297803	3.13
英国	2887938880	3.12
日本	2853739256	3.08
意大利	2560465844	2.77

资料来源：Global Edge Statistics，https：//globaledge. msu. edu/countries/south - africa/tradestats。

3. 对外贸易额

国际金融危机后，南非经济进入缓慢增长阶段，GDP 增速放缓，使得南非对外贸易整体表现欠佳；2013～2019 年，南非商品进出口贸易总额不断波动变化：2013～2016 年进入下滑状态；2018 年较 2019 年有小幅度增长，但 2019 年又继续下滑。2019 年，进口贸易总额为 1774.33 亿美元，下降约 4.7%；出口贸易总额为 893.96 亿美元，下降约 4.5%；进口贸易总额为 880.37 亿美元，下降约 5.2%（详见表 3 - 5）。2013～2016 年，南非连续 4 年处于贸易逆差状态，直到 2017 年才开始扭转至贸易顺差（详见图 3 - 1）。

表 3 – 5　2013~2019 年南非进出口统计

单位：亿美元

类别	2013	2014	2015	2016	2017	2018	2019
进出口总额	1983.72	1923.84	1657.75	1488.55	1712.99	1861.49	1774.33
出口总额	950.63	925.90	802.65	741.11	882.68	935.70	893.96
进口总额	1033.09	997.94	855.10	747.44	830.31	925.79	880.37

资料来源：UN Comtrade Data, https：//comtrade. un. org/data/。

图 3 – 1　2013~2019 年南非进出口统计

资料来源：UN Comtrade Data, https：//comtrade. un. org/data/。

4. 主要进出口商品

从出口商品来看，2018 年南非主要出口商品中，宝石和金属总额为 161.2 亿美元，占商品出口总额的 17.2%，其中，铂占商品出口总额的 7.5%，黄金占商品出口总额的 5.6%；矿石出口额为 116.5 亿美元，占出口总额的 12.5%，其中铁矿石占商品出口总额的 5.4%；汽车及零部件出口额约 108.6 亿美元，占出口总额的 11.6%，其中汽车出口额占商品出口总额的 6.4%；石油和矿物燃料出口额为 99.3 亿美元，占出口总额的

10.6%，其中煤和类似固体燃料占商品出口总额的 6.5%。此外，钢铁、工业机械、食品、电子器件等也是南非的主要出口商品。

从进口商品来看，2018 年南非主要进口商品中，石油和矿业燃料171.3 亿美元，占商品进口总额的 18.5%，其中，石油占商品出口总额的 13.1%；工业机械进口额为 114.8 亿美元，占进口总额的 12.4%，其中，自动数据处理机及设备占进口商品总额的 2.2%；电子器件进口额为 86.2 亿美元，占进口总额的 9.31%；汽车及零部件进口额为 70.3 亿美元，其中，汽车进口额占商品进口总额的 4.8%。此外，塑料产品、宝石和金属钢铁等也是南非进口的主要商品（详见表 3 - 6）。

表 3 - 6　2018 年南非主要进出口商品贸易额及所占比例

单位：美元，%

商品名称	出口	出口占比	进口	进口占比
宝石和金属	16124561950	17.2	1175389048	1.27
矿石	11654983928	12.5	148341054	0.16
汽车及零部件	10857512629	11.6	7031469034	7.6
石油和矿物燃料	9931658855	10.6	17134142348	18.5
钢铁	6285754182	6.72	1189067619	1.28
工业机械	5803356311	6.2	11484770928	12.4
水果和坚果	3675302977	3.93	176939852	0.191
铝	2026047679	2.17	691025436	0.746
电子器件	1814779103	1.94	8616538453	9.31
塑料产品	1438969143	1.54	2817610489	3.04

资料来源：UN Comtrade Data，https：//comtrade.un.org/data/。

三 南非职业教育与人才培养状况

（一）南非职业教育发展的国家框架

南非职业技术教育和培训形成于 20 世纪 20 年代，当时主要为满足当地白人的教育需求。1922 年《徒工法案》颁布之后，高校部门进一步扩大职业教育并向在职者或者以学徒身份学习的人提供培训。1967 年《高等技术教育法》通过之后，城市中一些领先的高等院校被允许进入第三产业，技术学院开始涌现。20 世纪 70 年代对黑人进行技术培训的投资增加。1981 年《劳动力培训法》规定黑人不能参加徒工培训。黑人学徒数量一直不多，技术学院仍实行种族隔离政策。整个 20 世纪 90 年代是南非社会政治大变革的时代，1994 年成立的南非新政府废除了种族隔离的不平等教育制度，为南非的教育发展铺平了道路。但是，南非技术学院还存在种族隔离现象，大学与劳动力市场的连接薄弱，许多学生没有接受实际训练的机会。因此在新南非成立之后，政府颁布了一系列新法律，为南非职业技术教育的发展创造了一个良好的发展环境。1995 年，南非政府颁布了《南非资格认定法》(South African Qualifications Authority Act)，规定成立南非资格认定署，实施国家职业资格框架，建立一体化的国家职业标准，增加教育与培训机会，促进学习者生涯发展，提高教育与培训质量，减少教育、培训和就业机会的不平等，为每个学习者个性的充分发展以及社会和经济的进步提供支持。1997 年，南非教育部出台了以结果评价为理念的《2005 年课程：21 世纪的终身学习》（Curriculum 2005：Lifelong Learning for the 21st Century）文件，旨在废除不平等以及具有歧视色彩的种族隔离课程，以塑造新南非的形象，并在课程结构中加入技术领域的学习目标。至今，南非已基本建成了体现公平、民主的教育体制，所有南非公民无差别地享有受教育权。[①] 自 1998 年开始，南非政府相继先后发布了《继续教育和培训绿皮书》（Green Paper for Further Education and Training）、《继续教育和培训白皮书》（White Paper on Further Education and Training）以及《继续教育和培训法》（Further Education and Training Act）。在此基础上，1998～2002 年，南非政府对 152 所职业院校进行整合，形成了 50 所公立的职业院校。[②] 2006 年，南非出台《国家职业资格：国家资格框架 2～4 级资格》文件，开始在国家资格框架下实施国家职业资格证书，有效地促进了职业教育与学历教育的衔接。2009 年，南非政府又颁布了《国家资格框架法》（National Qualifications Framework Act），对上述发展目标再次进行了强调，同时还对资格等级的设置、框架结构的安排、管理体制的完善等做出规定。[③] 同年，南非政府将教育部职能一分为二，成立了基础教育部（Department of Basic Education，DBE）和高等教育与培训部（Department of Higher Education and Training，DHET）。后者负责管理职业技术教育，并于 2010 年召开了关于高等教育、继续教

---

① 唐晓明：《论南非 C2005 课程改革》，《教育评论》2011 年第 3 期，第 166～168 页。

② 刘建豪、陈明昆：《南非职业技术教育的发展现状及挑战》，《青年生活》2019 年第 20 期，第 42～28 页。

③ 李建忠：《南非国家资格框架的发展与改革》，《比较教育研究》2010 年第 4 期，第 18～21 页。

育与培训、技能开发的高端会议。祖马总统执政以来,南非政府又进一步调整了职业技术教育管理体制,优化职业与技术教育的体系结构,扩大教育与培训规模,推进学校后(post-school)职业技术教育的发展,以期突破贫困陷阱与人力资源困境。[①] 2012年,南非国家计划委员会制定并提交总统祖马审批通过了《2030国家发展规划:成就我们的未来》(National Development Plan 2030:Our Future-Make It Work,以下简称《规划》)。[②]《规划》将职业教育置于保持社会稳定、促进经济发展的重要地位。在《规划》中,南非政府明确提出要进一步扩大 FET 学院规模,提高办学质量,促进青年就业。南非政府希望到 2030 年,将学院学生的毕业率提高到 75%;到 2030 年,学院每年能为国家培养 3 万名技术人员;政府将为学院提供足够的办学经费支持,确保其能提供有竞争力的薪资待遇,留住经验丰富的教职员工;不断提升学院的办学能力,使其成为在职业教育与培训领域的首选机构;支持学院与行业之间建立紧密联系,确保学院毕业生能迅速实现就业,实现学院与劳动力市场需求的有效对接。《规划》着重指出:应在中小学校、继续教育和培训学院(Further Education and Training College,以下简称 FET 学院)、技术大学、大学以及其他教育与培训机构之间构建起联络通道,在教育、培训和工作场所之间建立起有效联系,建立协同一体的学校后教育体系。同年,《学校后教育与培训绿皮书》(Green Paper for Post-

---

① 王琳璞、徐辉:《祖马时期南非职业与技能教育改革——管理、结构及规模》,《外国教育研究》2013 年第 6 期,第 98 页。

② 姚桂梅:《南非经济发展的成就与挑战》,《学海》2014 年第 3 期,第 34~36 页。

school Education and Training）发布，为建成统一、协调、多样化且高度互通的学校后教育与培训体系搭建路径。目前南非的学校后教育体系包括：FET 学院（主要开展职业教育与培训）、私立院校、成人教育机构、部门教育与培训机构（通常称为技能发展部门）和大学。

（二）南非职业教育发展的基本概况

目前，南非拥有非洲最完备的教育体系，并且形成了一个相对完善成熟的职业教育体系。南非政府发展职业技术教育的目标是建立转换灵活、反应及时的职业技术教育质量体系。南非政府希望通过这个系统来促进教育和培训，并增强学习者学习的持续性，以满足国家对人力资源的需求。职业技术教育系统的建立，不仅能满足国家人力资源的需求，而且将进一步促进个体、社会和经济的发展。在南非，职业技术教育的使命是帮助人们掌握中高层次的技能，为他们接受高等教育奠定基础，同时，帮助人们顺利完成从学校到工作的过渡，并为终身学习提供机会。

南非中等职业教育机构主要有技术高中和技术培训中心。学制一般为三年，学生完成学业后可获得国家三级职业证书（National Certifi-cate Vocational 3，NCV3），学生如果能通过英语和阿非利加语（Afrikaans）考试，还可获得高中毕业证书。学完一年期课程或两年期课程的学员，可获得相应的 NCV1 或 NCV2证书。

南非高等职业教育办学机构的主体是 FET 学院，全国有 50所公立的 FET 学院，该 50 所培训学院共设有 254 个校区，以满足全国各地人才市场的需求；除此之外还有 300 所在教育部备案的私立 FET 学院。① 作为职业教育与培训的支柱，FET 学院的教育对象包括：继续教育与培训阶段选择职业教育课程的年轻人，准备转岗或提升技能的成人，准备再就业的失业者等。FET 学院是南非高校的重要组成部分，南非近年来致力于加强 FET 学院建设。在提升教学质量、提升毕业生就业率方面下功夫，政府为在校生提供技能发展培训，重点培养其企业家精神和态度；通过减税政策，激励私立部门设立相应的"导师"项目；公共高校设立职业训练项目，由高校内经验丰富、训练有素的教师负责执行。同时，提升私立部门在公共高校课程开发与提供实践培训机会方面的重要作用，使公共高校与私立部门之间建立紧密联系，提高高校培训质量，确保高校毕业生能快速实现就业。通过校企合作，公共高校与私立部门需求之间实现对接。在扩大 FET 招生规模方面，努力拓宽 FET 学院的地理分布范围，确保学习者在其职业生涯中能有机会进入学院学习，获得优质的职业教育与培训；发展带有学习者支持系统的远程教育，为学习者提供更多的受教育途径；同时合并现有的公共成人学习中心，建立社区教育与培训中心，招收更多的学习者。

此外，目前南非有 12 所大学提供职业教育，其中，承担职业教育的 6 所科技大学分别是中央科技大学、德班科技大学、茨瓦内科技大学、开普半岛科技大学、瓦尔科技大学以及马古苏托科技大学；另外 6 所提供职业教育的综合性大学是纳尔逊·曼德

① 刘欣：《南非职业技术教育的发展现状与趋势》，《高等职业教育》2011 年第 1 期，第 28 页。

拉城市大学、沃尔特西苏鲁大学、文达大学、祖鲁兰德大学、姆普马兰加大学以及南非大学。

（三）南非职业技术人才培养问题分析

南非职业技术教育培训对南非的经济和政治稳定具有关键的战略意义。因南非青年失业率、学校退学率居高不下，职业技术教育和培训需要承担对失业青年或退学人员进行培训、促其上岗的职责。特别是 2009 年教育部职能重组后，职业教育被提到了以解决失业、减贫和促进经济增长为主要任务的政治经济改革的中心地位。然而，现有的职业技术教育培训系统无法满足经济发展对毕业生数量和质量的需求。

1. 招生规模有限，无法提供全部入学机会

目前，南非大约有 300 万 18～24 岁的年轻人没有参加过职业技术教育与培训，也没有正式就业。他们当中有 200 万人还没有读完 12 年级的学业。需要接受职业技术教育的劳动力人口数量给职业教育系统提出了严峻的挑战。但是职业教育院校的招生规模有限，并不能够为每一位适龄人口提供教育机会。根据《规划》提出的"到 2030 年技术学院入学率要达到 25％"的指标，届时技术学院的招生人数需要达到 125 万人，而目前只能招收 30 余万人。

2. 师资力量薄弱，无法保证教学质量

南非职业学校师资力量薄弱，教师与学生的比例较高，不能满足学校的教学需求。同时，许多教师缺乏相关的技能和职业技术教育资格，无法保障教学质量。数据显示，至少有 25％ 的教师没有相对应的教师资格证书，超过一半的教师没有从事相关技术行业的经验，约40%的教师与学院签订的是短期合同，缺乏在技能和资格上长期投入的动力。

较低的学生素质加上薄弱的师资力量使得职业技术学院毕业生辍学率高、毕业率低、就业率也低。瑞士和南非合作开展的另一项调查显示，职业技术学院每100名学生中，通过第一年学习的有33人，通过第二年学习的有15人，到第三年只有6人能按时毕业。此外，大约有65%的大学生找不到工作，其中大部分人是职业技术学院的毕业生。

3. 技能型人才培养不足，与产业发展需求匹配度低

经济社会发展、科技进步对人力资源提出了更高的要求，同时也使得职业技术教育与经济的发展联系更为紧密。但目前，南非的职业技术教育滞后，教育质量低下、发展不平衡、教育投入少的结构性缺陷等问题突出，无法满足产业发展对于人才的需求。此外，职业技术教育学院所培养出来的劳动力与市场脱节，造成在大批青年失业的同时，却需要从国外引进焊接工和木工等技术工人。形成了市场所需的高技能人才严重短缺，而低技能和无工作经历的青年人失业的状态。

第四章
中南产业与教育合作的历史与现状

　　中国与南非于 1998 年 1 月 1 日正式建交，由此拉开了中南两国贸易往来的序幕。2004 年，两国正式确立平等互利、共同发展的战略伙伴关系；2006 年 6 月，签署了《中华人民共和国和南非共和国关于深化战略伙伴关系的合作纲要》，该纲要鼓励中国和南非扩大双边贸易，鼓励两国企业进一步发掘自身潜力，鼓励双方相互支持对方企业投资。自 2010 年南非加入金砖国家后，两国之间的贸易往来又上升到一个新的平台。中南双方经济互补性强，合作潜力巨大。

一　中南两国经贸合作的历史与现状

（一）建交前缓慢起步阶段

　　1948～1994 年，南非国民党执政期间，大力推行种族隔离制度，因此，国际社会对南非实行了政治孤立和经济制裁。虽然当时南非国内存在着巨大商机，但中国与国际社会保持一致，未与南非建交。受此影响，中国与南非在相当长的时间内没有经贸往来。直到 20 世纪 90 年代初，南非政府的政治改革朝着废除种族隔离制度的方向发展，国际社会调整了对南非的政策。中国也开始走改革开放道路，虽然当时两国未正式建交，但中南双方的关系已逐渐从政治领域扩展到经济、文化等各个领域。1994 年南非新政府成立后，双边经济贸易呈高速增长状态。在这一阶段，中南两国通过互设民间机构来推进经贸联系，增进彼此的了解与沟通。

1991 年，中国和南非两国政府分别在对方的首都建立非正式的办事处。

1992 年，中国和南非双方决定在对方首都互设具有准外交性质的研究中心。中国在南非的行政首都比勒陀利亚（现改名为茨瓦内）设立了"中国南非研究中心"，而南非则在北京设立了"南非中国研究中心"。这两个机构的设立为两国贸易关系的发展起到了积极的促进作用。

1993 年，联合国取消了对南非的各项制裁措施。世界各国先后与南非恢复了合作关系。

1994 年，南非首次举行由各种族共同参加的大选，这标志着南非人民最终推翻了种族隔离制度，新南非诞生了。但由于当时中国台湾当局在世界范围内实行"金钱外交"，新南非出于经济利益上的考虑，暂时未与我建交，但是，双边贸易依然在发展。

1995 年，中南双边贸易额达到 13.2 亿美元，1996 年则达到13.4 亿美元。

1997 年香港回归更增加了中南双方经济关系的分量，1997年，中南两国贸易额增至 13.9 亿美元。

在两国建交前，尽管中南之间没有正式的外交关系，但连续几年双边贸易额都在增长。与此同时，中南两国政府也通过各种方式推动双边经济的增长。中南经济关系的快速发展显示了两国之间加强合作的巨大潜力，也为两国的最终建交铺平了道路。

（二）建交后快速发展阶段

1. 经贸协议

1998 年 1 月 1 日，中国与南非正式建立外交关系，两国经济关系的发展开启新纪元，中南双边领域的贸易、援助、投资、承包劳务等经济合作全面展开。南非是中国在非洲唯一建立全面战略伙伴关系的国家，在中国的外交战略中占有重要的地位。此阶段，双方合作涉及多个方面，合作关系发展迅速。2000 年 4 月，两国元首签署了《中华人民共和国和南非共和国关于伙伴关系的比勒陀利亚宣言》，宣布成立高级别国家双边委员会，推进双方外交、经贸、科技、防务、教育、能源、矿产等方面的合作。2002 年，中国实施"走出去"战略，成为中南两国经贸关系发展的重要推力。2004 年，中国和南非正式建立战略伙伴关系，两国关系进入一个新的发展阶段，两国的经贸关系发展更加迅猛。2006 年 6 月，时任中国总理温家宝对南非进行正式访问，双方签署了《中华人民共和国和南非共和国关于深化战略伙伴关系的合作纲要》等合作文件。2007 年胡锦涛主席对南非进行国事访问，将中南战略伙伴关系推向新的高度。2008 年 1 月，中南两国建立战略对话机制。2010 年 8 月，祖马总统访华期间，两国元首共同签署《中华人民共和国和南非共和国关于建立全面战略伙伴关系的北京宣言》，将双边关系提升为全面战略伙伴关系。2013 年 3 月，习近平主席对南非进行国事访问，双方发表联合公报，中南全面战略伙伴关系迈上新台阶。2014 年 12 月，祖马总统对华进行国事访问，双方签署《中华人民共和国和南非共和国 5～10 年合作战略规划（2015～2024）》，为中南关系进一步深入发展注入了新的强劲动力。之后，双方领导人持续进行国事访问、战略对话，并通过签订各项协定、建立定期交流机制保障和推进中南两国经贸关系的持续、稳定、健康发展。

2. 双边贸易

统计数字显示，1998 年中南建交时，双边贸易额仅为 15.7 亿美元。2003 年，中南双边贸易额增长了 1.46 倍，达到 38.7 亿美元。2008 年，中南双边贸易额攀升到 178.2 亿美元，是 1998 年建交时的 11.35 倍。2009 年，尽管遭遇全球性金融危机的猛烈冲击，中南贸易额仍然达到 160.6 亿美元，占中非贸易额的近 20%，中国一举超越美国成为南非最大的贸易伙伴和南非商品最大的出口市场。2010 年，南非加入金砖国家，中国与南非的联系更加紧密，两国关系发展迅猛。近年来，中南两国在矿产资源、煤制油、森林工业产品和橡胶工业等领域的经济合作不断深入；同时，不断拓展其他合作领域，在鸵鸟业、航运、森林工业产品等方面也加大了合作的力度。2019 年，南非继续保持中国在非洲第一大贸易伙伴地位，中南双边贸易额占中非贸易总额的 1/5，达 424.6 亿美元，同比下降 2.5%；其中，中国自南非进口总额为 259.2 亿美元，同比下降 5%；中国对南非的出口总额为 165.4 亿美元，同比增长 1.8%。中国对南非主要出口电器和电子产品、纺织产品和金属制品等，此外，化工产品、塑料橡胶和家具玩具制品、鞋靴等轻工产品也是中国对南非出口的主要大类商品；中国从南非主要进口矿产品、贱金属及制品、纺织品及原料、纤维素浆纸张、植物产品等。

3. 双向投资

在双向投资方面，南非是中国对非投资第一大目的国。1998年前，中国企业就已经开始在南非进行投资，但投资额度与增长速度相对较小。从 2008 年开始，中国企业在南非的投资稳步增长。2018 年，中国企业对南非直接投资额为 2.72 亿美元，投资领域从纺织、服装、轻工、家电、机械、建材等传统产业，扩大到采矿、机车、家电、汽车、金融、房地产、餐饮等领域。2019年，中国在南非全行业直接投资额为 9881 万美元；其中，非金融类直接投资额 9232 万美元，金融类直接投资 649 万美元，南非成为中国在非洲最大金融类直接投资目的地。与此同时，南非对华投资始于 1992 年，近些年投资有增长趋势。截至 2018 年底，南非企业对中国直接投资累计达 7.74 亿美元，主要集中在啤酒、港口、冶金、化工和环保等领域，成为对中国投资最多的非洲国家。

二　中南两国产业合作历史与现状

中国在产业领域与南非具有较强的互补性，自建交以来，中南两国积极推进产业合作。随着中国与南非经贸往来日趋频繁，双方的产业合作已经迈出实质性步伐。近年来，中南产业合作主要围绕"一带一路"倡议、中非合作论坛以及金砖国家合作机制和关于开展产能合作的框架协议等展开。目前，基础设施建设、金融、科技、能源、矿产、电信等领域已成为中国与南非开展产业合作的重点。已有超过 180 家大中型中国企业在南非投资运营，投资规模总计超过 100 亿美元，为南非当地创造了超过 10 万个就业岗位（具体见附录一）。

（一）重点领域

1. 基础设施领域

中国一直将基础设施建设置于对南非合作的重要位置。中国对南非的直接投资、无息贷款、优惠贷款、优惠出口买方信贷、商业贷款等各类资金是南非基础设施建设的重要资金来源。2013 年 3 月，南非国家运输集团"Transnet"与中国国家开发银行签署升级基础设施的合作协议，升级南非全国交通系统，包括高速路养护、客运升级及高速铁路建设等。在中国国家开发银行的资金支持下，中国南车 2014 年赢得价值 21 亿美元的竞标，中国北车获得价值 88 亿美元的合同。2015 年，中国对南非基础设施投资金额为 22.4 亿美元；同年，中国南车开始为南非提供电力机车。2015 年中国在中非合作论坛峰会上提出中非工业化、农业现代化、基础设施等"十大合作计划"，将南非作为引领非洲国家工业化的重点国家，支持南非基础设施建设。在与南非基础设施领域合作方面，中国企业主要投资电信基础设施、电力基础设施、铁路建设等。2017 年 4 月，中国在南非成立首个海外基础设施开发平台——中国海外基础设施开发投资有限公司，该平台主要围绕工程技术、法律、融资三个方面开展前期工作，将基础设施项目概念和规划蓝图转化为切实可行的投融资成熟项目，推动高质量基础设施项目建设发展。同年，中民筑友参与南非豪登省"大型城市项目",将中国装配式建筑技术首次应用于南非保障房建设。2018 年,中国中车南非海外联合研发中心在约翰内斯堡揭牌,中国中车旗下中车株机公司与南非金山大学签订战略合作协议,重点开展轨道交通装备技术研究、技术支持、技术转化等工作,兼顾国际化人才引进和培养,组织国际技术合作和交流。同年,中材建设南非公司、中国建筑东南非公司在约翰内斯堡成立,助力南非基础设施建设。

目前,在南非基础设施领域投资的代表性中国企业有华为、中国电信(电信基础设施)、中国港湾、中国水电、国家电网、亚洲电缆(电力基础设施)、中国铁建、中国交建(铁路建设)等。未来,在中国国家开发银行、金砖国家开发银行、南非发展基金的支持下,中国将在南非基础设施建设中的技术支持、资金来源方面占据重要地位,并发挥日益重要的作用,未来中国企业在南非基础设施建设中将大有可为。

2. 金融领域

中南建交以来,两国的金融机构以"一带一路"倡议为指引,在银行、保险以及资本市场等领域展开合作,并取得了丰硕的成果。

在银行业合作方面。2008 年,中国工商银行出资 55 亿美元收购南非标准银行 20% 的股份,成为其单一最大股东;通过战略入股南非标准银行,工行迅速将客户服务能力有效拓展至非洲近二十个国家,为中国企业顺利在南非以及非洲其他国家开展业务、促进中非经贸往来提供了有力支撑。2011 年 9 月,南非开发银行与中国国家开发银行签署价值 25 亿美元的金融合作协议,双方同意在矿产、基础设施、交通以及其他项目上进行投资。

2013 年 8 月,在首届南非—中国资本市场论坛上,中国和南非表达了在金融领域进行长期合作的愿望;同年,南非莱利银行与中国银行签署战略合作协议;2014 年,两家银行共同出资在南非建立一家水泥厂——南非曼巴水泥厂,其中,中国冀东发展集团与中非发展基金占股 51%。同年,中国工商银行收购南非标准银行公众有限公司 60% 的股份,打造符合双方股东战略需要的金融市场业务平台。2015 年,中非"十大合作计划"中"中非金融合作计划"指出,中方将同非洲国家扩大人民币结算和本币互换业务规模,鼓励中国金融机构赴非洲设立更多分支机构,以多种方式扩大对非洲投融资合作,为非洲工业化和现代化提供金融支持和服务。2015 年 4 月,中国人民银行与南非储备银行签署了规模为 300 亿元人民币/540 亿兰特的双边本币互换协议,协议有效期为三年。2015 年 7 月 8 日,中国银行约翰内斯堡分行经中国人民银行授权成为南非的人民币清算行。2017年,中国工商银行与南非标准银行共同启动"爱购南非"和"爱购中国"跨国消费促销活动,助推中国和南非两国间的金融合作。近年来,中国与南非的金融合作日益深化,多家中国银行将非洲分部设在南非约翰内斯堡,以此为基地辐射非洲的金融服务业;中国工商银行、中国建设银行、中国银行、中国进出口银行等已在南非设立办事处,并积极加强在零售业务、银行卡业务领域的合作。同时,中国在南非建立了首家非洲人民币业务清算行,人民币成为南非外汇储备币种。2018 年,在中非合作论坛北京峰会上,中方提出愿以政府援助、金融机构和企业投融资等方式,再向非洲提供 600 亿美元支持;为非洲国家及其金融机构来华发行债券提供便利;在遵循多边规则和程序的前提下,支持非洲国家更好利用亚洲基础设施投资银行、新开发银行、丝路基金等资源。

在保险业方面。围绕商业保险和政策性保险，两国和两国的保险机构积极开展双赢合作，中国人寿保险公司和南非和德保险公司已建立合作关系。南非最大私人保险公司"Discovery"在2013年增持平安健康险股权至24.99%，这是两国间互惠互利的经济及商业关系不断深化的重要象征。2018年，中国出口信用保险公司与南非标准银行签署《框架合作协议》，协议的签署标志着中国信保与非洲金融机构的合作关系进一步深化，也标志着中资企业在利用出口信用保险参与非洲项目时增添了新的融资渠道。

证券市场合作方面。中南两国正积极推动双边证券机构合作，建立股市互联互通机制，稳步推进贸易、信贷结算机制建设，建立定期交流机制，分享资本市场建设中的新产品、新做法。同时，两国的证券交易所（上海证券交易所与约翰内斯堡证券交易所）积极通过开办"南非—中国资本市场论坛"，推进双方资本市场的对接和合作。

今后，随着中国和南非之间的贸易额不断攀升，双向投资不断增多，金融领域的合作也必定会不断增加。

3. 科技领域

1999年，中南两国签订了《中国和南非政府间科技合作协定》，建立了科技合作联合委员会机制，同时，开启双边国际合作项目。此双边合作项目几乎每两年征集一次，每次支持15个项目，为双方研究人员往来交流提供了很方便的平台。2003年，中国科技部与南非科技部成立科技合作联委会，签订《科技合作议定书》，在交通、信息、航天、农业、矿产、医疗、卫生等领域开展科技交流及合作。2019 年，科技合作联合委员会召开第七次会议，征集在新材料和先进制造技术、信息通信和人工智能、环境及自然资源可持续管理和绿色技术、健康和农业领域生物技术、传统医药、采矿和冶金、空间科学和天文学等领域的科技合作项目。2017 年，中国自然科学基金委也开始征集与南非的合作项目，合作成果明显。2017 年，中南双方合作（不含第三国）发表的进入主要索引的科技论文（含社会科学论文）达到128 篇；自 1999 年累计，已超过 1000 篇，涉及工程、化学、物理、数学、古生物等多个领域。同时，双方互访频繁，一些学科建立了长期的双边科技研讨会及国际会议机制。近几年，双方开始建立旗舰合作项目，建立了矿山空间地理信息国际合作联合实验室、天体物理学联合研究中心等联合研究机构。双方也共同参与更广泛的国际科技大合作，比如在南非建设的"平方公里阵列"射电望远镜项目，中国便是国际联盟成员之一并且是主要参与者之一，这个项目首台天线样机也来自中国。中国—巴西地球资源卫星在南非建立了地面系统并投入运行，为南部非洲国家提供土地资源管理、农作物长势分析、灾害监测、水资源管理、城市建设等方面的服务；北斗卫星导航 CORS 基站已经在南非建成，为南非开发数字/智能采矿技术提供服务；微信也进入南非，提供多项本地化服务；支付宝也参与了南非的移动支付解决方案。高科技公司方面，华为已经在南非经营二十多年，全面介入南非的电信、能源、金融、交通、教育等行业；海康威视为南非的几个大城市提供了重点区域监控系统，为"平安南非"做出贡献；海信、一汽、北汽都在南非建立了生产线。在新能源方面，南非的风电、光伏、地热、垃圾发电、光热等领域都能见

到中国技术的实际应用。两国政府还协作启动了中国南非科技园
合作项目。在民用科技领域，来自中国的高科技产品早就进入了
南非市场，已经有中国投资商在南非寻找高科技投资。

　　同时，南非的一些技术也进入了中国。比如南非著名的波尔
山羊养殖技术、桉树抗病技术、瓦斯自动抑爆系统、移动式道路
路面加速加载试验检测车等，都已经在中国实际应用，南非也有
多位专家获得中国政府为外国专家颁发的最高荣誉政府友谊奖。
此外，中国一些地方的创新比赛也出现了南非创业团队的身影。
南非在中国高科技领域的投资更加引人瞩目，腾讯的最大股东就
是南非的投资公司，这家公司也因为对腾讯的成功投资成为非洲
市值最大的公司。

4. 能源领域

　　在不断深化的经贸合作中，中南两国之间在能源领域的合作
占有重要位置。2010 年中国和南非两国能源部门签订了《中华
人民共和国政府与南非共和国政府关于能源领域合作的谅解备忘
录》，标志着两国能源合作全面展开。2010 年 11 月，中国国家
能源局与南非能源部签订了关于中方企业参与南非公益事业合作
意向书，中国商务部和南非贸工部签订了关于建立贸易统计分析
联合工作组的纲要，中国国家开发银行与南非能源部签订了关于
能源领域合作的谅解备忘录。2012 年，中国的新能源公司，包
括保利协鑫能源控股有限公司和保威新能源有限公司开始在南非
投资。此后，更多中国能源公司进入南非市场。中国企业不仅建
设光伏太阳能电站，还建设光伏太阳能电池板工厂，并进行研
发。这其中主要包括：2013 年 1 月，合创智慧能源公司在北开
普省建设两个共 30 兆瓦的太阳能电站；2013 年 9 月，比亚迪电

力在北开普省建设 75 兆瓦太阳能电站；2013 年 10 月，龙源电力在北开普省建设 244 兆瓦风能电站；2014 年 1 月，晶澳太阳能有限公司在西开普省建设 150 兆瓦太阳能电池板工厂；2014 年 3 月，南京南瑞集团公司在豪登省建厂；2014 年 3 月，阳光电源股份有限公司在西开普省建设光伏变频器厂；2014 年 6 月，海润光伏科技股份有限公司在豪登省建设合资公司；2014 年 8 月，晶科能源控股有限公司在西开普省建设 120 兆瓦太阳能电池板工厂。在中国企业的带动下，南非开始进入国际新能源价值链。此外，中南两国在核电领域的合作也进入新阶段。2014 年 11 月，两国政府签署政府间核能合作框架协议，允许中国公司竞标南非核电项目。2015 年，中国国家电网公司和南非电力"Eskom"国有控股有限公司签订了战略合作备忘录，标志着两国两家最大的国有电力企业正式启动战略合作，两国能源合作进一步落实。与此同时，中国国家开发银行也为南非国家电力公司提供了 5 亿美元贷款，用于支持电站等方面的建设。2018 年 12 月，由南中经贸协会能源委员会主办的"中非能源对话会"在南非约翰内斯堡举行，助推两国在能源领域的进一步合作。

中国和南非能源合作有着广泛前景。中南两国在核电和风电太阳能等可再生能源发展、输配电和智能电网建设等技术经验交流和电力装备产能合作方面都具有很强的互补性和长期合作潜力。今后，在"一带一路"和金砖国家框架下，中国和南非在传统火电行业以及核电、风电和太阳能等清洁能源领域都具有很大的合作可能。

5. 矿产领域

南非是世界上采矿业最发达的国家之一，自然资源种类多、储量大，是世界上众多国家矿产的主要供应国，中国企业在南非矿业领域的投资较多。近几年的主要投资项目包括：2013 年 3 月，鹏欣环球资源股份有限公司出资 1500 万美元购买奥克尼金矿 74% 股份；2013 年 4 月，晋江矿业集团将其在一家铂矿的持股比例增加至 24.16%；2013 年 8 月，河北矿业集团出资 4.8 亿美元，购买 PMC 公司 74.5% 的股权；2013 年 11 月，齐星铁塔出资 1.4 亿美元，控股南非金矿公司"Stonewall"矿业；2014 年 5 月，白银有色金属有限公司收购南非矿业公司"Sibanye" 20% 的股份；2014 年 10 月，中国冶金科工股份收购林波波省矿业公司。中国企业的投资能为南非矿产领域带来技术、基础设施等方面的升级，南非得以出口具有更高附加值的矿产品。2018 年，中国与南非首个联合研究中心——中南矿产资源开发利用联合研究中心在位于约翰内斯堡的南非国家矿业技术研究院揭牌，该中心将致力于加强中南在采矿、选矿、环保和能源材料等领域的学术交流和人才互访，共同促进联合研究和成果转化，推动两国矿业领域的科技创新合作。目前，中国在南非的矿业投资企业有金川集团、甘肃白银有色集团公司南非第一黄金公司、中钢南非公司、斗南锰业南非矿业有限公司、酒钢南非国际铬铁合金公司、五矿（南非）第一铬业公司、广西大锰南非 PMG 公司、宝钢南非公司、河北钢铁南非公司、中色国贸南非公司等。

6. 电信领域

中国信息通信行业发展迅速，在技术研发、标准制定、工程建设、网络运维等方面都积累了丰富经验。中南两国在信息通信领域广泛开展务实合作，成效显著。在为南非的电信行业发展提供支持方面，中国企业走在前面，是 1998 年便进入南非的先行者。华为 2012 年率先将全球领先的 4G 技术引入南非，目前已经是南非各主要电信运营商的重要合作伙伴，其产品和服务已经惠及该国 2/3 的人口。2015 年中国与南非签署了《中国工业和信息化部与南非电信与邮政服务部开展信息通信技术领域合作的行动计划》，鼓励和支持优秀中国信息通信企业扩大对南投资合作，为南非经济社会发展提供有力支持。之后，华为、中兴、中国电信、中国联通以及中国移动等公司都与南非各大电信运营商开展了更为广泛的合作。2016 年，华为南非公司投资 7200 万兰特（约合 500 万美金），建设了华为非洲第一个创新体验中心，引入全球最领先的 ICT 技术。该体验中心作为华为与南非邮电部的联合创新中心以及南非高等院校的开放实验室，与当地政府、教育机构、企业开展深入合作。截至 2017 年底，中国电信在南非铺设光纤、光缆共计 1100 多公里并投资多条国际海缆，提升了南非到世界各地的通信路由。2018 年 7 月，中国移动开始在南非运营。中国移动南非公司负责人黄丽香说，中国移动将通过与本地电信公司的合作，实现互联互通，降低中南双方人员出行成本，并把云业务、跨境云连接、人工智能等先进的技术带进南非。2018 年底，华为在约翰内斯堡设立数据中心，向南非及周边国家提供更低时延、安全可靠的云服务。2019 年，南非移动数据网络运营商 Rain 宣布与华为合作，共同发布南非首个 5G 商用网络，这使得南非成为全球首批部署 5G 的国家之一。通过与华为、联通、中兴等企业的合作，南非人们的生活方式、工作方式发生重大变化，与此同时，中国企业在投资与合作过程中，还通过转让先进技术和对当地员工进行技能培训，为南非储备了一批高技术人才。

　　此外，中国企业支持当地教育事业，中国电信致力于支持当地教育事业，主动捐款资助南非贫困学生完成在国际计算机学院的学业；中兴南非子公司与 55 所高中合作共建信息通信技术培训学习中心，定期培训理工类专业技能学生；华为与南非邮电部联合实施"未来种子"项目，每年选拔 10 名优秀南非信息通信技术专业学生赴中国学习；2008 年，华为还成立了"华为南非培训中心"，为华为南非本地员工和南非五大运营商的员工提供培训机会，培训信息通信技术人才。

7. 制造业领域

　　制造业是中国在南非投资较早也是最重要的投资领域之一，中南两国在交通运输车辆、设备制造、装备制造、家电、建材、光伏等行业进行产能合作。2010 年后，南中两国确立全面战略伙伴关系，两国互利合作快速发展，一大批中国企业在南非投资制造业，为南非制造业发展做出了积极贡献。在南非投资制造业的代表性企业主要有江铃汽车、长城汽车、北汽福田、中国一汽、北京汽车、中国中车、北方车辆、三一重工、柳工集团、中国一拖、山推股份、海信集团、通用技术、中材国际、冀东发展集团等。2013 年，为扩大生产能力，海信南非家电产业园开普敦工厂正式开业（1996 年在南非投资设厂），生产从低端产品到高端产品的系列家电，工业园可年产电视和冰箱各 40 万台；目前，海信的产品已覆盖南非全国 3500 多家连锁店和 500 多家家电专营店。2014 年，一汽南非库哈卡车组装工厂落成并投产（1994 年一汽开始向南非销售汽车）；2014 年，冀东发展集团南非曼巴水泥厂正式开工建设；2015 年，中国中车南非工厂完成了首批 95 台电力机车的全部组装。2015 年，"中南产能合作论坛"在开普敦举行，进一步探讨中南两国制造业合作的机遇与方向。2018 年，北汽南非工程投产，成为南非及非洲一次性投资规模最大的汽车工厂。

中国对南非的制造业投资对于南非经济发展发挥了重要作用，不仅填补了产业空白，为当地创造就业机会，还提升了南非制造业的技术水平和创新能力。未来，中国将积极向南非转移高端制造产能，继续加强在汽车、农产品加工、采矿设备、电子产品、制药以及服装纺织等领域合作。

（二）主要模式

"一带一路"倡议启动以来，中国与南非密切互动，创造并推动了一大批产业合作项目的实施与发展，范围涵盖前文所涉及的产业合作各个重点领域。

除合作项目外，海外产业园区是跨国产业合作的载体、全球产业链延伸的支点、国际产业分工的重要抓手，也是中国与南非产业合作的纽带和引擎。在"一带一路"倡议指引下，中国政府积极鼓励企业到南非投资兴业，参与在南非建设经济特区和工业园区。在此过程中，中国对南非的投资并非单一的企业跨国投资或转移行为，而是与互联互通相结合，通过打造工业园，筑巢引凤，形成产业集群。

目前，南非已有库哈、东伦敦理查德湾、杜贝贸易港、萨尔达尼亚湾以及纳西姆—马克哈多等 7 个经济特区。经济特区的优惠政策具体包括享受优惠企业所得税、建筑类资产加速折旧补贴、劳工雇佣激励措施、关税控制区待遇、允许投资企业设立园中园等。其中库哈经济特区和杜贝贸易港经济特区条件相对成熟。库哈经济特区位于东开普省曼德拉湾市，以农产品加工、汽车制造、水产养殖、能源、金属物流为重点产业。杜贝贸易港经济特区位于德班市，以家电制造和组装、航空航天制造和服务、花卉、园艺、水产养殖、医药卫生、服装纺织为重点产业。

中国产业集群式转移形成的工业园区，已成为中国鼓励相关企业进驻南非的战略平台，在推进中南产业合作中发挥着重要作用。

（三）合作态势

未来，中国与南非应抓好共建"一带一路"的机遇，双方继续保持高层交往势头，全面规划中南关系发展，挖掘潜在合作可能，深化产业合作，同时扩大人文交流，促进双方的产业结构升级和经济发展，使中南关系成为引领中非友好合作的典范。

1. 强化顶层合作，共建丝绸之路

中国的"一带一路"倡议和南非"费吉萨计划"为两国在经济合作领域提供了强力的政策支持。未来，双方应进一步扩大合作共识，积极推动"一带一路"倡议和"费吉萨计划"的对接，寻求合作最大公约数；继续推进高层互访，为两国共建"一带一路"提供持续的政治助推力；不断强化双边机制作用，服务共建"一带一路"重点领域合作；进一步签署"一带一路"共建协议，加强产业、教育领域的合作；可设立南非合作促进中心，推动合作协议、合作项目的落实。

此外，中国可以利用自身的资金、技术和经验优势，加大对南非港口建设的投资，建立支点性港口，帮助南非发展临港产业和腹地经济，通过双方共同努力，有序推进海上合作，助力南非

"费吉萨计划"和中国"一带一路"倡议的实施。

2. 对接发展战略，实现产业升级

双方要加强在"一带一路"和中非合作论坛框架内合作，对接发展战略，深化新经济领域和朝阳产业交流合作。未来，双方可以在交通、能源、信息通信、农业等领域拓展合作的范围和深度。中国可以从南非进口更多的资源类产品和农产品，在满足国内经济发展需要的同时降低对南非的贸易顺差。南非可从中国引进高新技术产业，提升其产业结构，从而促进其经济的快速恢复。

借助中国"一带一路"倡议的实施，扩大两国贸易范围，解决贸易不平衡问题。从中国与南非双边贸易结构来看，过度集中于矿产品、机电产品、纺织品、贱金属及其制品，这在一定程度上制约了双方经贸的增速和未来的发展空间。中国相对南非有着大量的资金资源和技术研发优势，可以通过政府间的合作，优化中国企业在南非的投资环境，建立稳固的合作关系。中国应充分借助中非合作论坛机制，不断扩大企业对外投资的自主权，鼓励高新技术企业到南非投资，深化已有的投资领域，同时，中国企业应当扩展在高铁、信息技术、通信等方面的投资，充分发挥相对南非的技术优势。

3. 加强金融创新，保障资金运作

现金流是保证投资活动顺利进行的基础。中非发展基金和中非产业合作基金等官方渠道的发展基金充实了南非的金融市场体系，为中南经贸投资合作带来便利。随着经济全球化的发展，南非成为各国企业竞相争夺的热点地区。未来，应进一步强化中南金融合作，加强金融合作机制对接，打造新型合作平台，深化金融机构及金融市场合作，帮助中小型民营企业开辟海外市场，输出自身优势资源，吸引一大批民营企业投入中南两国的合作建设发展中；同时，建立起规范的监管机制，使金融合作更加规范化。

4. 加快平台协同，打造沟通服务体系

中南两国市场环境信息的获得是两国投资项目合作的基础，未来应加强中国与南非产业合作协同服务平台建设，整合两国基础信息数据和产业信息，解决中南商贸投资中市场信息不对称、缺乏沟通和信任等问题，服务于两国产业合作。

通过平台提供南非投资项目风险指数、商品需求类别、人才需求情况等数据服务，帮助两国企业发布项目信息，实现信息数据匹配，增强投资效率，降低投资风险。构建有管理的深度沟通服务体系，打造商脉圈，促进双方沟通交流，进行系统化的监管，建立信任关系，保证各方用户的权益。协同第三方服务机构，汇集金融、法律等机构，为投资活动提供经贸、政策、法律等方面保障，借助大型金融机构的优势，进一步提高投资的成功率，为投资活动的顺利进行保驾护航。

5. 开发人力资源，夯实合作基础

两国的产业合作离不开人力资源的支持。面对南非教育资源相对匮乏、中南产业合作中人力资源缺乏等情况，应进一步加强中南两国教育合作，逐步建立起多主体、多层次、多领域、多形式的教育合作关系，为双方的产业合作形成人力资源支持。

特别重要的是，需要有针对性地开展中南职业教育合作，加强职业教育合作顶层设计，建立职业教育交流机制；推进中国职业院校"走出去"，不断丰富合作内容、合作方式，通过南非留学生培养、联合境外企业开展技术服务和员工培训、职业院校间

合作，或直接境外办学等方式，为在南非的企业提供高素质的管理型、技术型人力资源。

三 中南两国教育合作的历史与现状

（一）教育部门合作

1. 中国与非洲的教育合作

从历史的维度看，自20世纪50年代以来，中非教育交流与合作经历了从单一的互派留学生到多层次、多形式合作的三个不同发展阶段，双方教育交流与合作的形式都在不断增多。第一阶段（20世纪50年代初至80年代后期），中南教育交流与合作的形式是教育代表团互访、交换学生，同时中国也把从事汉语和基础教育的数学、物理、化学任课教师派遣到非洲各国。第二阶段（20世纪90年代），是中非教育合作快速发展的时期。在中国学习的非洲留学生数量和在非洲的中国师生数量达到了一个新的高度，而且中国和非洲大学间的教研合作也开始迅速发展，并逐渐成为中非教育交流与合作的一种新的重要形式。第三阶段（2000年至今），在中国政府建立的"非洲人力资源开发基金"资助下，中非国家出现了职业教育培训、汉语教学和其他各类专业技能培训项目，为中国和非洲人力资源交流与合作提供了广阔的平台。[①] 从现实的角度看，中非职业教育合作取得了显著成

---

① 贺文萍：《中非产能合作助推非洲工业化和经济一体化》，《当代世界》2015年第12期，第22~23页。

效。在中非合作框架下，中非关系得到了全面而快速的发展，在中非教育合作中，职业教育已然成为开展对非教育援助与合作的主要领域和开展中非人文交流的重要支点。中非双方共同制定并联合发表的"约翰内斯堡行动计划"和中国教育部印发的《推进共建"一带一路"教育行动》，均对非洲职业教育和人力资源状况展开论述。中国政府也通过在非洲援建职业教育机构、派遣援非教师、开展对非技术培训、提供对非教育物质援助等，在职业教育合作领域取得了显著成效。① 可以预见，未来几年中国对非人力资源开发和培训所涉及的领域将更加广泛。

2. 中国与南非的教育合作

在中非教育合作总体框架下，中国与南非的教育合作也取得了较好的成效。习近平总书记于 2013 年首次提出"一带一路"倡议后，2016 年 7 月，教育部印发《推进共建"一带一路"教育行动》，旨在对接"一带一路"共建国家意愿，推进与"一带一路"共建国家的教育合作和共同行动，互鉴先进教育经验，共享优质教育资源，全面推动各国教育提速发展，为共建"一带一路"提供人才支撑。2017 年召开的"一带一路"高峰论坛特别指出，要建立多层次人文合作机制，搭建更多合作平台，开辟更多合作渠道；要推动教育合作，扩大互派留学生规模，提升合作办学水平。这为中南两国教育合作提供了新思路。

在基础教育方面，中南两国不断推进双边合作。合作内容包括师资培训、学术交流和资源分享、学生交流、语言及文化教学

---

① 刘鸿武：《中非发展合作进入机遇期》，《解放日报》2014 年 5 月 14 日。

合作等。2014 年 2 月 24 日，南非基础教育部部长安吉·莫采卡应中华人民共和国教育部邀请访华。据泛非网（allafrica. com）2014年 3 月 10 日报道，南非基础教育部宣布，将把汉语普通话纳入当地的学校课程，该举措得到了多方支持。同年，南非和中国在教育领域达成了 5 项合作协议，分别是课程开发、数学和科学、教师培训、职业教育、基础教育研究和发展。目前，南非有 45所中小学开设汉语课程，越来越多的中小学生学习汉语言。同时，中国也在积极引进南非语言教学。中国顶尖的外国语大学北京外国语大学开设了 84 个外语教学项目，包括将祖鲁语、茨瓦纳语、科萨语和索托语作为选修课，已开始招收学生，并将很快出版《祖鲁语教科书和词典》的中文版。

中国与南非在高等教育方面建立了广泛的人文交流与教育合作，其中，教育合作涵盖了知识生成、学生交流/整合、提升学校品质与师资培训。2003 年，中国和南非政府签署了《高等教育合作协定》，揭开了两国教育合作的新篇章。2004 年，南非第一所孔子学院在斯泰伦博斯大学成立，揭开了南非汉语教学的新篇章。近年来中国和南非高校在校际交流、语言教学、学术研究等领域开展了全方位合作，取得了丰硕成果。由于两国开展大规模的教育合作，南非拥有非洲数量最多的孔子学院和孔子课堂。两国共同建立了 6 所孔子学院和 3 个孔子课堂，受到南非各界人士的欢迎。2015 年，金砖国家大学联盟成立，在金砖国家大学联盟框架下，23 所中国大学和 5 所南非大学开展联合研究，携手培养人才；11 所中国大学和 12 所南非大学参与了能源、计算机科学与信息安全、金砖国家研究、生态与气候变化、水资源与污染控制、经济等六个重点领域的合作。2018 年，约翰内斯堡孔子学院邀请并资助 77 人访华。到目前为止，约翰内斯堡大学八所学院中有五所学院的院长、教授、院系学者来华访问过，与中国合作非常密切。与此同时，中国和南非的许多大学正在探索新的合作方式，如学分互认、硕士和博士学位联合项目。此外，"留学中国"成为南非青年学生和家庭的新选择和新时尚。截至 2018 年底，南非在华留学生从 2014 年的 400 余人迅速增加到 3000 余人，其中大部分为自费留学生，年增长率为 30%。中国政府每年向南非提供 100 多个政府奖学金。除了继续为在中国享受政府奖学金的南非学生提供奖学金外，中国政府在 2018 ~ 2019 学年为在华留学的南非学生新增 31 个奖学金。

在职业教育方面。2018 年 1 月 29 ~ 30 日，"中国—南非职业教育合作·技术技能人才培养磋商会"在常州信息职业技术学院举行。来自两国教育主管部门的官员、教育科研机构和高职院校的专家、企业的负责人等 200 多人参加了会议，与会者就两国职业教育发展、产教融合、金砖国家职业技能大赛等事项进行了磋商。会议宣布成立"中国—南非职业教育合作联盟"，该联盟由中国教育部中外人文交流中心与南非高等教育与培训部工业和制造业培训署及中南两国相关政府部门、院校、企业等 58 家单位共同发起，旨在搭建开放性平台，秉持共商、共建、共享理念，推动中南职教合作，深化产教融合，创新技术技能人才培养模式，发挥教育培训在促进人文交流和经济发展、产业升级中的先导性、基础性和广泛性作用。联盟承担着合作培养中南和中非技术技能人才的重要任务，以搭平台、定规则、建标准、做项目、树品牌为工作思路，指导各成员单位开展中非教育合作，促进人文交流。在 2018 年的中非合作论坛上，中南两国签署增加教育机会协议，包括在技术和职业培训学校创新等方面进行合作的各种协议。

（二）企业培训

随着中南合作的日渐成熟，越来越多在南非的中资企业意识到本土员工培训的重要性，并将其作为投资与贸易的有力支撑手段。中资企业在投资与合作过程中，通过转让先进技术和对当地员工进行技能培训，为南非培养储备了一大批高素质技能型人才。

不同类型的企业对当地员工的培训方式、培训目的、培训规模各有不同，如在中南两地开设培训班、建立培训基地，一些大型民营企业有相对正规的培训体系，而大多中小型民营企业则倾向于更为灵活的非正式培训。如华为公司与南非邮电部联合实施"未来种子"项目，每年选拔 10 名优秀信息通信技术专业学生赴华深造，并于 2008 年在约翰内斯堡北郊伍德米德开设一个培训中心，培训华为本地员工和来自当地运营商的工程师；2016年 4 月，华为和茨瓦内理工大学（TUT）宣布在该校 Soshanguve校区启动一项信息和通信技术教育计划。华为将为该大学教师提供设备、软件和 ICT 认证课程，用于指导学生。中国国家电网公司连续四年邀请南非能源领域 50 余名从业者赴华学习新能源发电、跨国电网建设运营等内容。中国中车在南非累计培训超过2000 人，人员涵盖机车司机、技术质量工程师、机务段维保及检修人员和生产车间工人等。

（三）存在问题

中国与南非在各个层面展开了教育合作，但总体来说，合作中还存在较多问题，以职业教育合作为例，其合作的深度、广度、质量还须进一步提升。

首先，中南两国职业教育国际化合作深度不够。结合当前中国职业教育开展的国际合作现状来看，与南非职业院校合作的程度有待加深。具体而言，中国职业教育所开展的国际合作以资源和技术引入为主，充分借鉴发达地区或其他国家职业教育发展的经验，完成中国职业教育的国际化建设。而对于教学和资源的输出，明显呈现出动力不足的问题。随着中南两国在各个产业领域合作程度的不断深入，传统"引进来"的职业教育发展模式，如留学生培养模式已经很难满足两国产业合作发展的要求，需要在引入教学资源和经验的同时，最大限度地实现对南非职业教育的输出，与南非职业教育实现多领域的深度合作，以实现两国职业教育的协同发展，完成两国产业合作所需国际化人才的培养。

其次，中国职业教育自身内涵建设不够。职业教育国际化合作是各国职业教育高质量发展的重要举措。各国职业教育都在积极完成内涵建设，增强自身在国际上的影响力，并在国际合作中实现互惠互利。在此过程中，中国与南非职业教育的合作一方面面临其他国家职业教育的竞争，另一方面又在与南非合作中面临新的挑战和冲击。过于严峻的发展压力，使原本处在教育体系底层、内涵建设不够的职业院校竞争动力不足，也存在更多发展的困难。

第五章

"一带一路"倡议下中南产教
融合式产业合作的意义

推进"一带一路"建设，需要通过教育与产业同步、学校与企业结合的方式培养高素质的技能人才。在这一大背景下，积极探索多样化的、有效的合作办学形式，开展以产教融合为核心机制的国际教育合作，培养与"一带一路"建设相适应的具有国际视野和国际标准的本土化人才，对优化共建"一带一路"沿线教育布局，推进"一带一路"建设意义重大。

一 中南产教融合式产业合作的前提和基础

（一）合作前提

自建交以来，中国和南非两国关系实现了从伙伴关系到战略伙伴关系，再到全面战略伙伴关系的历史性跨越。中南双方在产业、教育方面的合作不断深化。"后疫情时代"的跨国产业合作对其安全性、稳定性提出更高要求，"一带一路"倡议的落实，中南两国产教融合式产业合作的推进，均基于以下几个重要的前提。

1. 战略共识

中国和南非都是发展中国家和新兴大国，早在五百多年前就开始友好往来，不仅拥有深厚的传统友谊，也秉持相近的发展观、安全观和国际秩序观，在重大国际事务和热点问题上有着广泛共识，两国战略利益和战略目标基本一致。2004年，中南双方确定建立平等互利、共同发展的战略伙伴关系后，中国政府高度重视与南非的全面合作，南非也将对华关系置于和发展中大国合作的优先位置；2013年，双方达成广泛战略共识，并确定将中南关系作为各自国家对外政策的战略支点和优先方向，战略目标的一致性和战略共识的广泛性极大地拉近了两国之间的距离，推动中南全面战略伙伴关系不断迈上新台阶。这些为中南两国在"一带一路"建设中推进产教融合式产业合作奠定了坚实、稳定的政治基础。

2. 政治互信

中国和南非建交后，两国领导人始终以战略眼光审视并推动两国关系发展，双方高层保持密切的交流对话，中国和南非历届主要国家领导人均实现了互访。2012年，时任国家主席胡锦涛与祖马总统四度会面。2013年，国家主席习近平上任伊始就对南非进行了国事访问。2015年，习近平主席对南非进行第二次国事访问。2018年，习近平主席对南非进行第三次国事访问。近年来，在双方共同努力下，特别是在两国高层的亲自关注和推动下，双方保持频繁交往，政治互信不断提升，各领域务实合作持续快速发展，中南全面战略伙伴关系呈现强劲发展势头。密切并富有成果的高层交流为两国关系发展指明了方向，更成为推动各领域合作的强大动力。

3. 条件成熟

以"一带一路"倡议为契机拓展海外市场成为中国产业发展的必然选择。南非资源禀赋优越，基础设施完善，市场规范，法制健全，金融体系发达，有较强的工业基础，是中非深化互利合作条件最成熟的国家。目前，南非基础设施、金融、制造业、通信等领域的发展均走在非洲前列，对非洲发展具有较强的辐射和带动作用。为吸引外资，南非贸工部积极打造"一站式"服务，为投资者提供厂区设计、执照申请、公共设施使用、优惠政策申请、融资及环保标准协助等"一条龙"服务。南非绝大多数行业对外开放，鼓励外国投资，包括推出中小型企业发展计划，鼓励多个行业的中小型企业创业和发展；推出技能支持计划，鼓励企业加大职工培训投入；实施外国投资补贴，鼓励外资投资制造业等。因此，南非是中国对共建"一带一路"国家投资的首选。

4. 机制保障

2000年，两国签署了《中华人民共和国和南非共和国关于伙伴关系的比勒陀利亚宣言》，建立了高级别国家双边委员会，下设外交、经贸、科技、防务、教育、能源、矿产合作等7个分委员会，迄今已举行四次全体会议。两国还建立了议会定期交流、战略对话等机制。南非目前还担任中非合作论坛非方主席国和金砖国家轮值主席国。上述交流渠道和合作平台为中南关系向更广领域、更高水平发展提供了强有力的机制保障。2006年，中国全国人大常委会委员长吴邦国与南非国民议会议长姆贝特女士共同签署关于建立定期交流机制的谅解备忘录，双方的定期交流机制正式启动。此外，两国在联合国、二十国集团、金砖国家、基础四国等国际组织和机制中的协调配合，也成为两国加深合作的前提和有力保障。

5. 前景广阔

当前，中南双方已在贸易、投资、基础设施、能源、通信、农业、人力资源等领域广泛开展合作。同时，教育、科技、文化等领域的合作也不断得到拓展，中南全面战略伙伴关系的内涵不断丰富。面对经济技术性衰退及新冠疫情带来的影响，南非政府已决定将基础设施建设作为实现经济复苏和可持续发展的核心计划，并计划优先投资能源、交通、医疗和数字基础设施建设等六大领域的 88 个项目。此外，农业基建也成为此次投资计划的重点。这些行业显著的"乘数效应"，对促进南非的经济复苏至关重要，而中国与南非在传统和新型基础设施建设领域合作的前景十分广阔。两国可以此为契机，继续加深基础设施及其他产业领域的合作，共同实现"后疫情时代"经济可持续发展，为中南全面战略伙伴关系的发展注入新动力。

（二）合作基础

1. 产业互补

中国与南非产业互补性强，有较好的产业合作基础。首先，中国自改革开放以来，经过几十年的快速发展，逐步建立了健全的工业体系和国民经济体系，这是南非所不具备的；南非矿产资源丰富、采矿技术先进，而工业化水平有限，正在努力推进工业化和开展基础设施建设，急需外资和先进技术；中国近年来对能源需求加大，拥有能源、交通通信、农业开发、建材、加工制造、数字基础设施等方面的先进技术。其次，南非海洋资源丰富，可开发潜力高，但海洋资源开发能力较弱，而中国海洋资源开发的能力强，开发经验丰富。再次，南非是一个能够建立核电站的国家，又有十分丰富的铀矿资源，而中国有较强的核电技术，在这一领域的自主创新有巨大突破，在核电等产业领域两国具有优势互补性。最后，中国具有南非急需的工业和经济特区建设等方面的经验。因此，中国和南非产业合作具有互补优势。南非为中国企业提供投资机会，中国企业为南非提供经验、技术、资金等。

2. 教育互利

教育领域是中南合作的重点，也具备良好的合作基础。中国与南非在教育资源、教育制度、教学内容、教学方式与手段等方面存在一定的差异性及互利性。南非人力资源丰富，但技术型人才数量有限，社会劳动力就业率低、失业率高。其教育面临的最大挑战是教育资源不足，且不同族群、不同阶级之间的差异极大。入学机会受限、教师水平不足、教学质量偏低等问题影响了南非适龄人群，特别是待业青年受教育的机会和质量。南非劳动力市场一直未能提供充分的培训和就业机会。15～29岁年轻人处于既无工作又无教育或培训状态的比例高达36%。而中国在学前教育、基础教育、高等教育、职业教育等各个阶段有较为完备的人才培养体系，教学资源丰富，师资力量雄厚，课程系统完备，教学水平较高；特别是在职业教育领域，经过多年的发展，中国有较好的技术技能型人才培养理论和实践经验，教育方式多样，教育手段多元，能为南非职业教育的发展提供一定的支撑和助力。

在经济全球化和知识经济外部竞争激烈的环境中，对高科技的追求已经成为南非政府实现更具持续性发展的必然选项。南非的经济发展需要大量的技术技能型人才，同时中国在南企业的发展也对技术技能型人才有大量需求。然而，受政治、经济、文化等因素制约，同时受制于纵横交错的资格框架，南非职业教育对技术技能型人才的培养存在一定困难。因此，在中南产业合作过程中，必须加强职业院校的主体作用，在职业教育领域进行更为深入与广泛的教育合作，借助中国人才培养的理论和实践经验，培养中南产业合作所需的技术技能型人才。

二 "一带一路"倡议给中南产教融合式产业合作带来的机遇与挑战

（一）合作的机遇

1. "一带一路"倡议下中南产业合作的机遇

"一带一路"倡议是对全球治理模式和国际合作的积极探索。"一带一路"倡议支持开展多元化投资，推动形成共享发展的产业链、服务链、价值链，其为共建国家产业合作提供了首脑外交与顶层设计、部际协同与部省联动、相关合作基金支持、跨境产业园区建设等方面的支持路径。[①] 中国正面临产业结构调整升级的紧迫任务，南非正在实现工业化的道路上努力前行。"一带一路"倡议为中国与南非的产业合作提供了机遇与平台。

南非目前正处于工业化兴起阶段，资金需求大，发展动力

[①] 孙海泳：《中外产能合作：指导理念与支持路径》，《国际问题研究》2016 年第 3 期，第 85 页。

强，投资机会多，在机械设备、建材、水泥等产品和电力、通信等基础设施建设方面需求量大。中国与南非经济发展阶段相异，资源禀赋不同，产业优势互补，两国对接"一带一路"建设利益契合点多，发展潜力大。

"一带一路"倡议协同中非合作论坛、金砖国家合作机制以及《关于开展产能合作的框架协议》等，为中南两国进一步发挥彼此相对优势，实现生产要素高效配置，继续推进基础设施、能源与矿产、旅游、农业、工业、海洋经济、教育与人力资源、卫生医药和核电等领域互利合作提供了更多机遇。

2. "一带一路"倡议下中南产教融合式产业合作机遇

"一带一路"倡议下，共建国家国际产业竞争力的提升、跨国产业合作都离不开国际化产业人才的支持。"一带一路"倡议给中南产业合作带来机遇的同时，也加剧对国际化产业人才的需求，人才短缺是目前推进中南产业合作过程中亟待解决的问题。未来，中南两国在基础设施、能源与矿产、工业、旅游、农业等各个领域的合作，对创业型、创新型、复合型和职业型等技术技能型人才的需求会更大，这需要双方在职业教育方面加强合作，以培养所需人才。由于南非工业发展水平不高，职业教育存在一定的问题，也没有相关领域人才培养的基础，难以解决中南产业合作中的人才培养和供给问题，这为中国职业院校参与中南产业合作带来机遇。

"一带一路"倡议下，两国政府逐步认识到为产业合作提供高素质从业人员的重要性，并通过建立"中国—南非职业教育合作联盟"、签署增加教育机会协议等方式，将职业院校特别是中国高职院校纳入中南产业合作体系中，积极推进职教系统与产业系统的跨国协同，以产业合作引导人才培养，以人才培养促进产业合作，为中南产教融合式产业合作带来发展的机遇。

（二）合作挑战

"一带一路"建设既为中国和南非的产业合作提供了巨大的机遇，同时在建设过程中也面临着来自各方面的挑战。中国与南非的营商环境、法制环境、文化背景差异较大，导致中国企业在对南非投资时面对许多风险和一些不确定的因素，中南产业合作在各个方面还存在许多不容忽视的矛盾和挑战。

1. 投资宏观环境

从投资宏观环境看，南非国内土改政策的推行，加大了投资的风险；南非的社会治安形势十分严峻，各种刑事犯罪成为突出问题；南非基础设施维护存在问题，电力与水资源等供给不足，给企业造成严重影响；此外，南非公共卫生风险较高，对抗重大疾病或突发疫情的能力较弱，这些都对中国企业在南非的生产和生活构成威胁。

2. 投资金融环境

从投资的金融环境看，南非银行业成本收入比（55.14%）以及不良贷款率（2.87%）偏高，在一定程度上影响其国际市场融资；南非银行手续费较高，南非银行整体非利息收入占比达43%，远高于中国银行业22%的比例，银行业的 ROE、ROA 分别达到16.64%和1.32%，处于全球较高水平；同时，汇率不稳定，经常发生金融动荡，外汇管制频繁；此外，融资严苛，境外企业在向南非当地的信贷机构融资时受到限制；监管政策落地要求严格，南非央行对稳定性经营和流动性管理等监管指标的要求逐年加强，使中资银行机构经营管理面临一定压力，同时面临较为严峻的反洗钱合规风险。

3. 产业定位方面

从产业定位上看，中南产业合作中因产业方向不明确而造成了一定问题。当前，中南产业合作重点领域为采矿业、基础设施建设、工程能源、信息、通信技术、金融业、机车、汽车、家电、光纤、建材、电子行业、数字经济及科技创新等；合作领域多、合作范围广、合作模式多样，未来应做好产业定位，明确投资方向，在加强与南非重点产业合作的同时，还要关注未来发展的关键产业；此外，中国与南非在很多行业存有竞争性质，在未来的合作中会存在严重的、激烈的竞争。

4. 项目实施方面

在合作项目建设和实施方面，在合作区的设计、选址方面经历了较多挫折。以政府为主导、企业为主体的市场化经营合作模式也存在一些问题。此外，南非当地政府或合作方推进效率低下，且往往有本国乃至外部势力介入，各种干扰和阻挠的因素较多，项目能否顺利落地存在很大的不确定性。项目制定耗时费力，几经反复，往往还会最终落空。合作投资企业的发展过程中，在明确双方责任、兼顾双方利弊方面也常常出现失误，造成一些项目的长远运营受到严重影响。

5. 企业管理方面

很多中国企业缺乏符合南非特性的国际化管理经验，难以解决中国与南非经营环境差异性造成的各种问题，不少中国企业对南非市场的特点、结构和容量不了解；较多中国企业在南非从事商贸、矿产开发、承包工程，缺乏制造业领域的经验积累；此外，中国企业不同程度存在国企集权式、私企家族式管理问题，实现企业管理属地化尚任重道远。

6. 在人力资本方面

中国企业面临管理属地化和员工本地化的双重挑战；企业缺乏具备战略思维的精英管理人才、开发区运作人才、技术人才等；同时，南非国民素质教育较差，文化教育程度和劳动力素质较低，但又需要达到一定的当地员工比例，对企业用工提出挑战。因此，国际化人才队伍的建设和管理，是中国企业投资南非面临的较大挑战。中国高职教育经过 30 多年的探索，已积累一定的产教融合发展经验。但高职教育尚未形成融入跨国产业合作的人才培养机制，缺少新背景下产教融合相关理论与实践的研究，造成国际化高素质产业人才的严重缺失。

三 "一带一路"倡议下中南产教融合式产业合作的必然性

（一）"一带一路"共建发展的客观要求

"一带一路"面向所有国家，秉持共商共建共享"三共"理念和原则，致力于本国、地区和国际联动发展的"五通"建设，谋求的是构建人类命运共同体，实现互利共赢、共同发展。中南是全面战略伙伴，在对接"一带一路"倡议时，南非表现出极大的热情。南非是一个前途无量的市场，并且具有相对较好的营商环境，南非也是最早同中方签署"一带一路"政府间合作备忘录的国家之一。同时中国政府也支持南非与埃塞俄比亚、肯尼亚一起成为非洲共建"一带一路"对接非洲先行先试示范国家,以对非洲其他国家形成辐射和示范效应。

中南产业合作在"一带一路"倡议的推进中扮演重要角色,是共建"一带一路"的客观要求。中国与南非两国在基础设施建设、有色金属与矿业、工业制成品与纺织、海洋经济等领域具有较好的产业互补性,合作空间巨大,进一步开展上述领域的产业对接有助于双方经济与社会发展。

产业合作需要人力资本作为支持,根据以往经验,高素质产业人才的缺失是影响中南产业合作的关键因素之一。在中南产业合作过程中,承担高素质技术技能型人才培养职责的职业院校应该参与其中,通过职教系统与产业系统的协同,形成产教融合式产业合作,进一步落实"一带一路"倡议共建发展目标。

(二)南非经济发展的必然要求

两国建交以来,中国的投资热给南非发展带来了巨大的经济红利。一是助推了南非当地产业发展。中资企业在南非积极实施技术和技能转移,帮助南非培养技术人才,实现了汽车、水泥、家电等产业转移。例如,华为在南非累计投资超过 10 亿美元,有力助推了南非通信基础设施升级,提升了通信便利化,降低了通信成本。二是创造了就业。目前,中国在南非投资的大中型企业为当地创造了 8 万余个就业岗位。其中,海信在南非的中方员工只有 35 人,却为当地创造了 2700 个就业岗位。工商银行在南非的中方员工仅 13 人,却为当地创造了 1.08 万个就业岗位。三是服务了当地社会。积极履行社会责任,投身社会公益事业,为南非社区发展、减贫等做出了重要贡献。当前,新冠疫情让南非本就脆弱的经济雪上加霜。南非政府在国内采取一系列应对经济衰退政策的同时，还迫切希望能够在多个领域吸引外国投资，以提高南非工业能力和基础设施建设水平，推动南非经济的可持续发展。

在"一带一路"倡议下，中国加强与南非的产业合作，将中国改革开放40多年来产业发展的红利、经验和教训与南非人民共享，通过中国的产业优势弥补南非产业发展的短板，以资金优势、技术优势全面助推共建国家的产业升级。因此，在"一带一路"倡议下推进中南产业合作，对提高南非经济发展水平和生产能力至关重要。值得注意的是，在以往的中南产业合作过程中，因相关领域人才培养的缺失，造成中南产业合作面临困境，阻碍中国企业对南投资，阻碍南非劳动力就业，影响南非经济发展。今后，在中南产业合作过程中，通过产教融合式产业合作，形成职教系统与产业系统的协调，形成人才培养与产业发展的合力，对南非经济发展具有重要意义。

（三）中国经济发展的现实路径

对中国而言，粗放型的经济扩展遇到挑战，经济增长速度放缓。当前，受新冠疫情影响，中国经济在未来一段时间可能会有一定幅度的萎缩。推动产业结构调整、促进经济转型、寻找新的经济增长点、实现经济的高质量发展是中国进入新阶段所面临的重要问题。"一带一路"倡议将引领中国新一轮高水平对外开放，以"一带一路"倡议为契机拓展海外市场成为中国产业发展的必然选择。结合《中国制造2025》规划，推进中南产业合作，是实现中国产业结构优化升级、推进中国国内供给侧结构性改革、促进经济增长的有效途径；同时使中国站在更高的世界发展水平之上，赢得国际社会更多的尊重。在以往中南产业合作过程中，因人力资源供给和培养的缺失，造成中国在南非的企业管理不善，一线工人数量少且技能差，项目难以实施或建成后迟迟不能生产，生产后不能达产稳产，达产稳产后不能有效降低成本提高劳动生产率，等等，这给企业带来了巨大压力。[①] 这一问题阻碍中国企业"走出去"，也对中国经济转型和发展形成障碍。

　　未来，中南两国将在更多领域进行更为深入的合作，对技术技能型人才的需求巨大，并且种类繁多，需要职业教育和产业合作有针对性地培养人才。由此，"一带一路"倡议为产教融合式产业合作发展创造了机遇。对中国而言，与南非的产教融合式产业合作也最终体现为企业创收和经济发展。

（四）南非职业教育发展的需求

　　如前文所述，2009 年南非政府对教育部职能进行重组后，南非职业教育被提到了以解决失业、减贫和促进经济增长为主要任务的政治经济改革的中心地位。但南非职业教育发展仍然面临诸多问题，如招生规模有限，无法为适龄青年提供充分的受教育机会；师资力量薄弱，教学质量不高；教学系统不完善，难以培养与产业需求匹配的人才等。这些问题的解决，不仅依赖于南非政府对职业教育的重视，也依赖于国外优质教育资源、教学经验乃至教育经费的输入。

　　产教融合式产业合作模式，要求中国与南非的职业院校教育作

---

① 翟帆：《企业"走出去"，期盼职业院校跟上来——透视"一带一路"倡议下职业教育的机遇与挑战》，http：//www. ec. js. edu. cn/art/2015/8/18/art_ 4342_ 178603. html。

为重要主体参与产业合作过程，对产业合作和发展形成人力资本支撑。在此过程中，中国职业院校不仅可直接为南非提供产业发展所需的人才，更可通过与南非职业院校的合作，带动南非职业教育的发展，使之逐步能够满足其经济发展所需的人才数量及质量要求。

（五）中国职业教育高质量发展的需求

改革开放以来，中国职业教育得到了长足的发展，为社会经济的快速发展提供了重要的智力支撑，产教融合、校企合作已成为中国职业教育在世界上的一张特色名片。随着"一带一路"倡议的提出以及《中国制造2025》规划的出台，高质量产业工人缺乏的现状日益凸显，与产业发展联系最紧密的职业教育的作用逐步提升。服务产业、支撑产业、推动产业发展，已成为职业教育的历史使命。

目前，职业教育领域的主要工作重点是内抓质量、外增动能，提高中国职业教育的国际影响力。在全新发展态势下，通过国际合作增强职业院校发展实力，并完成在国际间的品牌建设，是职业院校高质量发展的关键。与产业国际化转移相伴随的职业教育国际化发展，一方面能够发挥教育培训在促进人文交流和经济发展、产业升级中的先导性、基础性和广泛性作用；另一方面也是职业教育高质量发展的集中体现，更是丰富职业教育发展内涵、增加国际影响力的重要动能。职业院校积极推进与境外职业院校合作，积极参与国际产业合作过程，为企业提供国际化高素质产业人才，以国际化"产教融合"带动职业教育课程体系、教学内容、教学模式及手段的变革，是实现中国职业教育高质量发展的必然要求。

第六章

"一带一路"倡议下中南产教融合式产业合作的目标与内在机理

一　发展目标

在全球政治经济局面进入剧烈变化的时期，区域化、内链化成为一个重要的特征，安全性和稳定性成为各国进行产业布局考虑的首要因素。全球产业价值链在纵向分工上趋于缩短，在横向分工上趋于区域化集聚。全球产业链集群成为未来产业发展的方向之一，集群式跨国转移也成为互信国之间产业合作的重要方式和发展方向。在产业跨国转移过程中，人力资本作为产业发展的重要支撑要素，直接影响着产业转移的成败。因此，重视职业教育在产业人才培养过程中的重要作用，将职业教育作为中南产业合作的重要参与者之一，推进产教融合式产业合作，是落实"一带一路"倡议，推进中南产业合作深入发展的必然选择。

为有效推进"一带一路"倡议下中南产业合作的发展，基于中南产业发展现实状况以及产业、教育合作的现实水平，应设立中南产业合作中期目标：利用"一带一路"倡议和中非合作论坛框架创造的合作平台，推进双边产业合作，加快两国产业链重塑，重点加强基础设施、能源、信息技术、农业等领域合作，深化新经济领域和朝阳产业交流合作；大力推进中国面向南非的集群式产业转移，建构全球（跨国）产业链集群，进一步加强南非产业园建设，增强产业链的稳健性和安全性；推动中国高职院校参与中南产业合作过程，不断丰富合作内容、合作方式，通过对南非留学生的培养，以及联合境外企业开展技术服务、员工培训、高职院校间合作或直接境外办学等方式，为全球（跨国）产业链集群提供高素质的管理型、技术型人力资本；形成较为成熟的产教融合式产业合作模式，形成中南产业有效互动，进一步推进中南产业和经济共融发展，共同应对"后疫情时代"经济、政治形势变化。

二 参与主体及其作用

（一）政府部门

在中南产业合作中，两国政府对合作进行顶层设计，并通过制定相关政策法规，统筹协调双方产教融合式产业合作的开展。在具体实践中，为促进企业与企业、学校与企业、企业与地方深入开展合作，双方政府还应在运行机制、合作平台搭建和财政激励等诸多方面有所动作，为产教融合式企业合作主体间关系的形成提供支撑和保障。

产教融合式产业合作涉及多个政府部门间的合作，比如教育部、外交部和商务部等；从组织的过程来说，组织行为执行的时间变长，任务的传递路径和过程变得复杂。

（二）高职院校

产业合作、产业发展需要人力资本作为支撑，事实证明，国际化技术技能型人才的缺失已成为中南产业合作的障碍，给中国在南企业的发展造成困境。学校的主要任务是培养人才，中南产业合作离不开学校，特别是高职院校对国际化、高素质技术技能型人才的供给。

因此，在中南产业合作过程中，加强中国职业院校和南非职业院校作为参与主体的作用，通过多种模式，解决技术技能型人才培养不足、培养目标与市场需求不适应、培养过程与企业生产不对接等问题，为中南两国产业合作供给所需技术技能型人才。

（三）跨国企业

"一带一路"倡议在中南两国的具体落实，不仅是贸易"走出去"，更需要投资"走出去"。需要企业与地方或者企业与企业之间的合作来开展。企业是产业合作中的关键主体。在中南产业合作中，跨国公司作为微观层面的主体，通过开展对外投资与交流活动，实现跨国产业合作，保障共建"一带一路"的可持续发展。除了投资与项目合作外，企业外交也是中国与南非两国落实"一带一路"倡议的一个重要因素。通过开展企业外交，构建企业与企业、企业与地方政府之间的良好关系，为共建"一带一路"创造良好的氛围环境。

在推进中南产教融合式产业合作过程中，核心企业作用重大。郭爱君等（2013）认为，产业集群式转移主要有生产者驱动、购买者驱动、混合型驱动三种模式，无论哪种模式都是集群中的核心企业先做出转移决策，吸引并带动相关联的企业向其集聚；再通过核心企业带动关联企业"抱团式"转移，是实现产业集群跨国转移的主要方式。[①]

除上述主体外，行业层面的国际产业合作联盟在帮助企业整合行业内资源、促进信息共享与交换、加强与政府沟通及协调等领域也发挥着重要作用；此外，金融、法律等机构也为中南产业合作提供资金、法律等多方面的支持。总而言之，中南产教融合式产业合作需要国家、企业、高职院校以及中介服务机构等来共同推进。

三 内在机理

（一）产业集群式跨国转移机理

产业集群式跨国转移是指处在全球价值链上的相关企业及服务机构所组成的涵盖产供销等全部产业链的产业集群或"复制群居链"从一个国家或地区转移到另一个国家或地区，以此推动产业集群升级和全球价值链的升级与延伸。

推动产业地理集聚的向心力和促进空间扩散的离心力这两种力量的权衡与动态变化，决定了经济活动在空间上是趋于集聚还是转移。国家和地区间经济发展水平梯度差异是产业转移发生的基本前提。产业转移的驱动力主要来自企业对生产成本、交易成

[①] 郭爱君、毛锦凰：《全球价值链背景下产业集群式转移的特点与机理研究》，《兰州大学学报》（社会科学版）2013 年第 6 期，第 104～111 页。

本（及其他市场因素）和制度因素等的敏感度。从承接国（或承接地）的角度看，产业转移不仅是促进经济增长、创造就业的机遇，同时也是与转出国进行产业合作、推动产业升级、吸收新技术的过程。

值得注意的是，以往集群式转移的速度与规模主要由要素成本和交易成本的综合权衡来决定。然而，近期新冠疫情加剧了全球供应链风险，国际产业转移出现"回流""区域化"趋势。当今，集群式转移特别是对跨国转移承接地的选择、速度、规模等还需要考虑安全性、稳定性等社会、政治和战略因素。以往产业转移在全球范围内更多是受生产者和购买者驱动的影响，以实现全球性布局。早在 20 世纪 50 年代，美国实施"马歇尔计划"向联邦德国和日本进行产业转移时，美国既有自身产业转移的需求，也有支持盟国对抗以苏联为首的社会主义阵营影响的地缘政治考虑。

（二）全球产业链集群的形成机理

根据学者对产业集群的界定，产业集群是指一些在同一生产环节具有共性或互补性的企业和相关机构，在某个地理空间内集聚，进行高度专业化分工，并生产同类产品，同时一些企业围绕生产链条不断集聚。

当产业集群占据全球价值链的某些战略性环节，或者全球价值链核心企业愿意嵌入产业集群并吸引相关企业和机构向其集聚时，处在全球价值链上的企业基于比较优势进行专业化分工，相关企业为获得产业链最佳经济效应和规模效应就会不断向产业链集聚，从而使产业集群不断壮大；同时全球价值链上各生产环节和工序上的相关产业和机构也会因为链条上核心企业的极化效应不断向全球价值链集聚，由此形成链接全球价值链的产业集群。

因此，全球产业链集群本质上是全球价值链与产业集群的耦合，即产业集群占据了全球价值链的某些战略性环节，成为全球价值链延伸与升级的基本单元。

（三）产业集群式跨国转移与全球产业链集群

一国处于全球价值链上的集群会经历产生、成长、成熟和衰退的生命周期。在其发展的各个阶段都会出现不同程度的产业集群式转移。如，在集群产生阶段，通过接受跨国公司投资，在本地吸引大批配套企业和机构的集群式转移，从而形成一个新的全球产业链集群。在集群发展的成熟或衰退阶段，逐步失去比较优势和规模效应，部分产业链以集群式转移的模式寻找新的优势区位以延续集群生命周期。集群式转移不但可避免集群走向消亡，还可实现集群升级，同时，也为承接国和地区构建国内价值链或形成全球价值产业链集群奠定了基础。

通过产业集群式转移，新的全球产业链集群生成、壮大；原有全球产业链集群得以转移、升级，全球产业布局也随之发生变化。

"一带一路" 倡议下中南产教融合式产业合作模式与实施路径

一 产教融合式产业合作中的产业转移模式与阶段

(一)产业集群式跨国转移模式

"国际产业合作"是各国通过国际贸易、国际投资等途径,促进商品、劳动、资本、技术等生产要素在不同国家间流动,使得跨越国界的同一条产业链逐渐优化或不同的产业链逐渐融合,从而形成更加紧密的产业关系,带动双方经济可持续发展。

产业转移是实现中南两国产业合作的重要模式之一。国际产业转移的集群化是近年来国际产业转移发展的一种新趋势和特殊形式,一些专家与学者已关注到了这种现象。王立军(2007)指出,伴随全球产业分工的发展与产业组织的全球裂变与整合,地方产业集群在更广的范围里整合与分离的现象已经是一种常态。①以往,中国与南非的产业合作已初步体现以中国为主导的集群式

---

① 王立军:《嵌入全球价值链与产业集群升级研究》,《中共浙江省委党校学报》2007年第1期,第62~66页。

转移实现生产要素在中国与南非之间流动的特征;未来,通过产业集群式跨国转移,形成跨国产业链集群,既是中南两国推进产业合作的重要形式,也是中南产业合作发展的目标。

产业集群式转移的显著特征就是"整体性"、集群网络关系的"复杂性"以及"群羊效应",对促进区域协调发展的作用要大于分散式转移。[①] 通过集群式转移可以将产品转移、企业转移等上升到产业转移的层面,并降低产业转移的成本,增加产业转移收益及产品市场收益等。除上述优势外,对于发展中国家和地区而言,推进本土产业集群式跨国转移,充分利用集群内特有的资源、可能存在的协作与组织形式、知识共享的活动以及由此产生的集群整体能力,不仅可以使其获得东道国的资源与市场,而且更重要的是能够获取可应用于全球的区域性战略性资产。

产业集群式跨国转移的模式主要有以下几种。

其一,集群式跨国转移多表现为企业跨国转移到具有类似产业集群的区域中(如某产业园),与集群内其他企业产生关联,逐步形成生产链、价值链关系,同时也与母公司保持关联。

其二,集群企业整体跨国迁移,这包含上下游配套、相互分工协作的几十个企业,这些企业在东道国投资地的选择方面采取集体行动。在企业落地后,会因为协作和配套的需要带动一批当地企业加入其中,在投资地产生产业集群现象。当这样的产业集群由于各种情况而发生迁移或对外扩张时,集群中的企业仍然往往会采取集体行动。

[①] 郑鑫、陈耀:《运输费用、需求分布与产业转移——基于区位论的模型分析》,《中国工业经济》2012年第2期,第57~68页。

其三，产业集群中的主导企业在国外设立总部或子公司，并带动部分与之相关的配套公司、供应商转移，带动转入地相关中小企业向其周边集聚，通过进入转入地产业集群网络，建立规模较大的产品或零部件供应链，从转入地获取更多资源。转出后的企业仍与原有的集群保持网络关系，逐步形成境外产业链集群；同时，境外产业链集群与本土母体集群间存在互动关系，在互动中实现产业升级。

本书重点讨论集群式跨国转移的第三种模式，即通过主导企业带动，吸引部分本土配套企业跟进，同时带动境外一批中小企业在周边集聚并形成内在协作关系的过程。

（二）核心企业驱动产业集群式转移阶段

产业集群式转移并不是一蹴而就的，而是在核心企业带动下，以空间一致性和时间先后性为基本特点的复杂动态转移过程，即"点转移→链转移→面转移"的动态演进过程。根据产业集群式跨国转移呈现的阶段性特征，可将其转移过程划分为"点"转移阶段、"链"转移阶段和"面"转移阶段。

1. "点"转移阶段

核心企业的试探性跨国转移，形成了产业集群式跨国转移的"点"转移阶段。产业集群式转移实质上是集群企业为了应对环境变化、寻求竞争优势而进行区位调整的过程，是转出地推力和阻力、承接地拉力和斥力相互交织的结果（魏后凯，2003）[1]。

---

[1] 魏后凯：《产业转移的发展趋势及其对竞争力的影响》，《福建论坛》（经济社会版）2003 年第 4 期，第 11 ~ 15 页。

Wissen（2000）认为，典型的推力是指转出地生产要素的可达性弱、区位成本高、市场空间小、政策约束强等；典型的拉力在一定程度上是推力的"镜子"，内容上正好相反，如生产要素丰富、区位成本低、市场需求大、政策优惠等。① 高云虹、任建辉（2013）指出，阻力因素主要表现在资产专用性、社会资本、产业集聚、产业关联、路径依赖等方面，斥力因素体现在承接地基础设施薄弱、思想观念落后、产业配套能力弱等方面，当推力和拉力的合力大于阻力和斥力的合力时，往往会发生产业集群转移。② 经济实力雄厚、技术资源丰富、网络关系广泛、适应能力与生存能力较强的核心企业势必会成为产业集群式转移的试探者（刘友金等，2012）。③ 在"推力、阻力、拉力、斥力"的耦合作用之下，核心企业转移到了承接地。

在社会分工越来越细的背景下，核心企业不可能独立完成整个生产环节，为了完成产品生产，需要寻找配套企业，一方面，可以在承接地寻找新的配套企业；另一方面，可以继续与转出地的配套企业保持远距离合作。在此阶段，核心企业的合作伙伴尚未固定，合作关系具有"不稳定性、偶然性"特点，会导致核心企业生存环境恶化，企业利润下降。如果核心企业无法快速地寻找到合作伙伴，核心企业就会面临供应链短板，使其发展

① Van Wissen, "L. A micro-simulation model of firms: applicationa of concepts of the demography of the firm," *Papers of Regional Science*, No. 79 (2000), pp. 111 – 134.

② 高云虹、任建辉：《产业转移与承接的动力机制及其推拉力耦合》，《兰州商学院学报》2013年第2期，第87~93页。

③ 刘友金、朱婵、龚彩华：《焦点企业成长视角的集群创新网络无标度特征研究——BA模型的改进及其模拟分析》，《湘潭大学学报》（哲学社会科学版）2012年第6期，第63~66页。

受阻。

因此，"点"转移阶段对转移企业的自身实力要求特别高，经济实力弱、信息收集能力低、环境适应能力差的企业不可能成为先行转移企业。

2. "链"转移阶段

发展到一定阶段的本土产业集群，其内部企业之间的关系更密切、关联性更强，它们通过产品供需与上下游企业紧密协作，形成相互关联、相互依存的内在联系，且配套企业在管理理念、产品设计、核心技术等方面对核心企业都存在一定程度的依赖，与核心企业之间具有很强的共享性或互补性的关联关系。当集群内的配套企业在面对资源匮乏、要素价格上涨、产业转型升级以及环境规制等多重压力时，也往往通过异地转移来突破瓶颈的制约，它们可以选择单独转移，也可以选择跟随核心企业一起转移，这就形成集群的"链"式转移。

相对于单独转移，"链"式转移维持了企业原来的产业链关系，不仅降低了交易成本、运输成本，还可以分担基础设施成本、共享劳动力市场等，增加规模经济效益，增强创新能力，促进区域品牌建设。[1][2] 对核心企业来说，"链"式转移能够有效地避免承接地提供配套产品的不确定性，提高运营效率和降低转移风险，因而倾向于示范并引导配套企业随其转移；配套企业为了继续获得集群效应，倾向于跟随核心企业一起转移。

---

[1] 丘兆逸：《区域产业集群整合浅析》，《企业活力》2006 年第 4 期，第 12 ~ 13 页。

[2] 张红姣：《产业集群转移机理研究和效应分析》，浙江工商大学经济学院 2010 年硕士学位论文，第 14 ~ 15 页。

在转移过程中，根据企业之间依赖程度、转移偏好等的不同，一般是由高度关联的直接配套企业先跟随核心企业一起转移到承接地，转移后，彼此之间的关系进一步加强，在合作机制驱动下，提高其在集群中的联盟能力，以及整合资源和筛选信息的能力，带动更多的配套企业进行转移。随着核心企业的根植与配套企业的跟随转移，形成了纵向垂直的"链"转移阶段。

3. "面"转移阶段

发展到成熟阶段的集群，其内部会有多个企业集中于产业链的同一环节进行生产，形成多条产业链共存或网络状产业链结构的产生。随着本土集群少数核心企业及其配套企业跨国转移的成功，集群内其他核心企业为了与其保持继续合作或者扩大市场、获得竞争资源等，也会进行整体或部分能力的转移，同时带动与之相关联的生产配套企业"抱团式"跟进；并带动境外一批中小企业在周边集聚，形成内在的协作关系。此时，产业集群式跨国转移进入"面"转移阶段。这个阶段的转移，不再是传统的产业梯度转移，而是与垂直水平转移并存的集群式转移。

值得注意的是，随着核心企业与生产配套企业的转入，转出地的资金、管理、营销等优势与承接地人力、能源、原材料等优势进行联合，促使承接地集群发展区域逐步成熟。此外，政府在通信、水电、交通等方面的基础设施建设，以及财政、信贷、人才引进等方面的优惠政策和激励机制也为境外集群健康发展提供了保障。在此转移阶段，随着承接地环境的优化及跨境集群服务需求增多，相关服务配套机构，如院校、行业协会、商会、培训机构、金融机构等，也往往会跟随转移。

此时，境外集群企业形成了纵横交错的生产及服务网络，企业之间从产品交流扩展到了知识、技术、信息交流，合作越来越频繁，彼此之间关系更趋于稳定。在稳定的关系背景下，企业能专注于自身发展，把自身优势与承接地优势相互耦合，实现境外产业集群的升级；并通过本土和境外两个集群的互动实现本土集群的升级。

二 产教融合式产业合作中的职教合作模式

（一）中南产业合作中的人才需求

中南产业合作过程中，对技术技能型人才的需求格外迫切，技术技能型人才数量的多少和质量的高低是影响产业合作的重要指标，同时也是技术势差中技术合作的保障和条件。

从社会发展实践看，经济和产业发展对四类人才提出了需求：学术型、工程型、技术型和技能型。学术型人才从事对事物客观规律的研究；工程型人才为社会事业的发展提供相关设计、规划和决策；与前两种人才相比，技术型和技能型人才主要从事生产一线工作，从某种意义上说，他们是将学术型人才的科学研究成果和工程型人才的规划设计方案转变成实际物质成果的重要力量；虽然技术型和技能型人才都必须具备较强的实践能力，但相对于技术型人才来说，技能型人才所需的智力技能要求较低。[①] 四种人才的教育培养途径也各不相同，具体来说，学术型人才主要来自具备研究生教育资质的综合型大学，工程型人才主

---

① 吕鑫祥：《高等职业技术教育研究》，上海教育出版社，1998，第5~29页。

要来自应用型本科院校，技术型人才主要来自高职高专院校，技能型人才则主要来自中职院校。①

　　通过产业集群式跨国转移推进中南产业合作的过程中，对具有国际化水平的高质量技术技能型人才的需求较大。但跨境企业普遍存在用工难的问题。一是国内员工派出选拔困难，缺乏能够长期驻守又会本地语言的技术技能型人才。国内传统技术技能型人才培养过程基本都是重技术轻语言，派出人员不能和本地员工顺畅地交流，而且因为远在异国他乡，很少有员工能长期驻扎在外，造成高素质技术技能型人才匮乏。二是本地员工综合素质低，无法胜任重要岗位，大批的劳动力需要接受职业教育，大量产业工人迫切需要更新知识、提升技能、完善自己的能力结构，但南非现有的职业教育整体水平偏低，教育基础设施普遍较差，教学仪器设备落后陈旧，办学能力和师资较弱，难以满足企业对职业教育和继续教育的要求。因此，中南产业合作所需技术技能型人才的培养存在结构性供需矛盾，这个矛盾已成为中南产业深度合作的障碍。产业转出地与承接地技术技能型人才的培养必须与其所在地区经济发展紧密结合，必须与产业跨国转移中的人才需求相匹配。这要求中南两国承担技术技能型人才培养重任的职业教育通力合作，开创适合两国产业合作的技术技能型人才培养特色模式，构建为两国产业合作和发展培育职业技术人才的机制，为两国培养出经济发展所急需的更多高等职业技术人才。

　　随着中南两国产业合作深度和广度的不断推进，对技术技能

---

① 黄静宜：《论高职院校人才培养目标的转变——从"技术应用型人才"到"高端技能型人才"》，《当代经济》2012年第2期，第106~107页。

型人才的数量、质量、作用等需求都在发生变化。在产业集群式转移初期，对技术技能型人才要求的数量不多但需求迫切，易出现当地技术技能型人才培养与企业需要不一致的情况；在产业集群式转移中期，对技术技能型人才需求数量和质量的要求提高，并且随着生产链的延伸对工种技术需求的多样性增加。在产业集群式转移后期，对技术技能型人才产生了新的需求：首先，集群式产业转移带动对技术技能型人才的批量需求；其次，承接产业转移将推动当地产业结构的调整，对技术技能型人才的专业结构也提出了调整要求；最后，承接产业转移将推动当地产业结构升级和企业的技术创新升级，因而需要提升技术技能型人才的素质和能力。

因此，总体来说，随着两国产业合作范围和程度的不断拓展，对技术技能型人才的要求从原来需要具备较多的硬技能向需要具有更多的软技能转变，对工作人员脑力劳动的能力要求提高，要求知识能适应产业发展的需要；各岗位分工和职责得到进一步明确和强化，各岗位覆盖范围扩大，对工作人员的岗位适应性要求增强；对技术技能型人才创新和可持续发展能力的要求越来越高。当然，除国际化的高素质技术技能型人才外，两国产业合作的推进还需要其他不同类型、不同层级的人才作为保障，如关键合作领域管理类和专业技术人才、跨文化协作与资本运作人才等。

（二）中南职教合作模式

在"一带一路"建设深化推进的当前，更多的职业院校努力发挥自身优势，依托各类国际平台组织，与"一带一路"共建国家在资源互通、师生交流、联合培训、合作办学、留学生培养等方面展开合作，有效地推动教育互惠，提高人民福祉，为职业教育可持续发展注入新的活力和动力。

近年来，中国与"一带一路"共建国家的职业教育合作呈现出以中国对"一带一路"共建国家输入为主的双向互动趋势，形成国际间紧密合作的教育新形态。一些职业院校协同企业"走出去"，探索多种形式的境外合作办学，共建海外院校、特色专业、培训机构，推出中国方案，传播中国故事，既帮助这些国家职业教育的发展，又为中国产业的国际布局培养各类急需的海外本土化人才。同时，还有选择有甄别地"引进来"，引入真正优质的课程、证书、师资等资源，通过借鉴、消化、融合、创新的过程，实现自身质量的提升；引入境外留学生，为"一带一路"共建国家培养产业发展所需人才。

在中国与南非职业教育合作过程中，首先，应加强对南非经济发展、人才培养、职业教育等情况的了解，充分分析南非职业教育政策、办学能力、教育水平等，并通过有效的渠道保持与南非职业院校的联系，展示中国职业教育的实力，在合作办学、协同育人、共建海外学院等方面达成共识。其次，以建立国际化课程体系为主要目标，实现中南两国职业教育在教学理念、教学资源、教学技术等方面的互通互融，实现教学实践的先进化和国际化。再次，职业教育国际合作是为两国产业合作培养人才，在中南两国教育合作中，必须保障为学生提供国际化的教育服务，实现学生学习能力和素养的提升，以达成国际合作办学的目标。最后，"中国—南非职业教育合作联盟"是中南两国职业教育合作的重要平台，将在推动中南职教合作、深化产教融合、创新技术技能型人才培养模式等方面起到重要作用，两国职业院校应积极以此平台为依托，深化职教合作，创新人才培养模式，推进中南两国职教合作的深度发展。

三 产教融合式产业合作中的产教融合模式

（一）中南产教融合模式

1. 协作式融合

协作式融合指产业界的企业和教育界的学校通过合作，弥补自身资源局限，实现自身发展目标的融合方式。它主要涉及两类主体——行业企业和职业学校。在协作式融合中，其实现机制具体表现为企业为学校提供实习设备和实习机会，学校为企业输送人才和培训员工，实现双方的资源互换，满足各自的发展需求。该融合方式实现机制所制定的目标为短期微观目标，结构要素简单，权责关系清晰松散，运行动力不足，信息成本高且运行效率低。因此，该融合方式的实现机制对合作产业的发展情况要求较低。

中南两国推进产教融合式产业合作过程中，一方面，中国在南企业可与南非职业学校合作，为其毕业生提供实习设备和实习机会，南非职业院校为中国在南企业输送技术技能型人才或提供相应人才培训；另一方面，中国企业可为职业院校在读中国学生或南非留学生提供实习设备和实习机会，协同学校实现在南企业所需人才的国内培养、国外输送；同时还可通过中国职业院校的跨境办学与在南企业协作，为企业提供短期培训班等形式，培训企业所需的专业人才。

2. 共生式融合

共生式融合是指通过结合最新行业发展，进行行业深入调研，结合企业实际岗位需求，完成专业人才培养方案、教学计划及教学内容的重新设置。高校和企业共享师资，聘请企业高技能型人员做兼职教师，职业院校教师进入企业进行理论和实践培训。或者是学校在招生前进行调研，并与相关企业签订联合办学协议，在招生中单独设立企业定向培养班，学校与学生签订招生就业合同，在合同中详细规定毕业生的工作岗位、技能要求、工资待遇等。在学生培养过程中，由学校和企业共同完成授课，使学生达到企业岗位需求，为企业输送相关技术技能型人才。此外，还可通过学校与企业共建校外生产性实训实习基地，创造真实的岗位环境，完善实践教学条件，提升技术技能型人才培养的质量。学校定期安排学生进入企业实习，接触企业最新技术，学生毕业后可以直接到企业上岗，完成毕业生与企业的高效对接，解决学生就业率和企业用工荒问题。该合作方式的主体主要是行业企业和职业学校。该融合方式实现机制的目标也是短期微观目标，结构构成一般，权责关系清晰且较紧密，但运行动力不足，运行的信息成本较高，其运行效率也较低，职业教育生产实训基地对经费支持的要求较高。中南两国推进产教融合式产业合作过程中，一是国内职业院校结合在南企业的实际岗位需求情况，重新设置教学内容并进行跨境办学，聘请在南企业高技能型人员做兼职教师，同时学校教师进入企业对企业员工进行培训。二是国内职业院校跨境办学，与在南相关企业签订联合办学协议，设立企业定向培养班，学校与学生签订招生就业合同，与在南企业共同完成学生培养；或者南非职业院校与中国在南相关企业签订联合办学协议，定向委培企业所需的人才。三是南非职业院校可引进中国在南企业相关资源，或在南中国企业与南非职业院校合作共建生产线实习基地，为中国在南企业或南非企业培养所需人才。四是国内职业院校可通过跨境办学，与在南企业共建生产线实习基地，提升职业院校人才培养与在南企业需求的匹配性。

3. 内生式融合

内生式融合是指为实现自身的长远发展，企业开设学校，学校开办工厂，将职业教育产教融合、校企合作内化为自身发展组成部分的融合类型，其主体是行业企业或者学校。因该融合方式致力于实现自身发展，其实现的是一个长期且宏观的目标，结构要素简单，权责关系清晰紧密，运行的动力来自主体内部，充足且长久，信息成本低，运行效率高。该融合方式中主体的压力较大，需要政府加大对其的引领。内生式融合是职业教育产教融合、校企合作融合方式中较高级的一种。

企业开设学校或学校开办工厂都对主体要求较高。在中南产业合作具体实践中，中国在南企业可通过设立面向社会的培训机构、建立技工学校等方式，为企业员工或南非适龄青年提供培训和教育。

4. 集群式融合

集群式融合是指随着产业集群的发展、壮大和对人才需求的提高，逐步形成对职业院校的影响和辐射，吸引多个职业院校及相关支撑机构在特定区域内的集聚，形成职教集群。集群内各院校之间实现合理分工、优势互补、资源共享，将所拥有的资源进行整合和重组，形成较强的辐射效应，为产业集群发展提供各类技术技能型人才。其实现的是一个中期中观的目标，在结构要素上因涉及主体较多,其结构也比较复杂,权责关系模糊但紧密,运行的动力较充足,因为可将所有主体纳入一个组织内部,信息成本较低,运行效率较高。

中南产教融合式产业合作发展到高级阶段,一方面,可通过中国国内职教集群内的院校合力培养产业所需的国际化技术技能型人才,助推产业集群跨国转移;另一方面,可通过中国职业院校的集群式转移(或集群式境外办学)为转移后的境外产业集群提供所需人才。此种产教融合方式对企业、跨境职业院校经营能力及承接地的配套能力等有较高要求,可通过建立信息互动平台、发挥双方行业协会和商会的纽带作用等,来助推职业教育与产业之间的集群式融合。

(二)产业集群跨国转移阶段与产教融合模式

结合前文产业集群对跨国转移阶段人才需求分析可知,在产业集群式跨国转移的不同阶段,企业对人才数量、质量、作用的要求也有所不同,职业教育为企业提供的配套人才的能力和培养的方式也不同(重点探讨主要由职业教育对技术技能型人才的培养)。因而,在产业集群式跨国转移的不同阶段,有不同的产教融合模式。

1."点"转移阶段的产教融合模式

"点"转移阶段是核心企业的试探性转移阶段,此阶段对转移企业的经济实力、信息收集能力和环境适应能力要求较高。开始尝试"走出去"的核心企业一方面需要寻找可以合作的配套企业,另一方面需要考虑相应的人力资本配套。在人力资本配套方面,企业一方面考虑通过市场招聘或内部培训获得,另一方面考虑通过与职业院校合作获得。但在此阶段，企业对技术技能型人才的需求急迫、专业匹配度要求高，但数量有限，因而对合作院校的人才培养需求更多表现为较短时间内培训出与企业用工需求高度匹配的人力资源。因此，在此阶段，可通过协作的模式推进在南企业与中国职业院校或与南非职业院校的合作，在较短时间内获得企业跨国投资急需的人才。

2. "链"转移阶段的产教融合模式

集群"链"式跨国转移阶段是本土产业集群发展到一定阶段及两国产业合作发展到一定程度后发生的产业转移组织形式。"链"式转移需要本土产业集群发展到一定阶段，核心企业与配套企业间形成较为密切的产业链关系，而且这种关联关系在企业集体转出后仍能保持。同时，伴随集体境外转移行为，企业转移成本提高，转移风险加大，企业（包括配套企业）的境外运营能力、抗风险能力需要进一步提升；此外，还需要承接国（承接地）资源配套能力进一步增强，能基本满足入驻企业对原材料、劳动力、资金等的需求。这一阶段，企业对技术技能型人才的需求数量增大、质量提高，并且随着生产链的延伸技术需求的多样性增加。因此，中国在南企业除通过市场招聘或内部培训获得所需人力资源外，拥有一定实力的核心企业可通过自设面向社会的培训机构来进行本企业或配套企业的人才培养，这被称为内生式融合模式；境外集群企业也可通过与职业院校建立更为持久的人才培养合作关系，通过联合办学、定向委培、共建实习基地等共生式融合模式来培养所需人才。

3. "面"转移阶段的产教融合模式

随着两国（两地）产业合作关系的进一步加深和承接国

（承接地）产业配套能力的进一步加强，发展到成熟阶段的本土集群企业协同与之形成关联关系的其他集群企业、中介服务机构等一起实现跨国转移。这一阶段，转出后的集群对技术工人的能力需求从设备操作向设备维护、技术服务与咨询方向转变，对其软技能的要求进一步提升；对高质量技术技能型人才的数量和专业多样性需求进一步提升；此外，对其他不同类型、不同层级的人才，如关键合作领域管理类和专业技术人才、跨文化协作与资本运作人才等的需求也不断提升。因此，在此阶段集群式产教融合模式更适合培养境外集群企业所需人才，即中国国内职教集群内的院校合力来培养产业所需国际化技术技能型人才，助推产业集群跨国转移，或通过中国职业院校的集群式转移（或集群式境外办学）为转移后的境外产业集群提供所需人才。

（三）中南产业合作中的"校—企—校"融合方案

1. 跨国"校—企—校"产教融合方案

基于中国、南非产业合作与职业教育发展现状，基于之前对中南产业合作中产教融合模式的分析，在中南产业合作中，应逐步建立"校—企—校"产教框架，打通国内院校、跨国企业及南非职业院校的关系，通过国内院校、"走出去"企业和南非合作院校三方合作，依据跨国企业人才需求特点，充分利用跨国度的优势资源，在中南产业合作不同阶段，实现为企业培养适用的、高素质技术技能型人才的目标。

"校—企—校"合作是在满足跨国企业和国内外合作院校的共同利益下提出的一种共同行动方案。通过国内职业院校的教育资源输出，与南非职业院校合作，实现专业优势互补、教学资源共享，提升专业建设水平，扩大招生规模，提高生源素质水平，这也有利于其提高国际竞争力和影响力。南非职业院校在接受中国职业院校资源输入的同时，提供相应的师资、设备、场地，并共同参与人才培养方案制定、人才培养计划实施等过程，有利于其职业教育水平、教学质量的提升；中国在南企业应积极参与中南职业教育合作体人才需求和培养标准制定，并结合产业合作发展阶段及企业发展需求，通过为学生提供实习场所、共建实习基地、联合培养、定向委培等方式共同培养学生，使培养的人才能够更好地适应和满足企业用工需求，解决企业用工难的问题。

2. 跨国"校—企—校"产教融合方案实施

（1）实施海外办学，对接教学体系

确定"校—企—校"合作落脚点，结合产业需求和地域特点，确定国内职业院校、国外职业院校及相关合作者名单，搭建"校—企—校"合作平台。

成立试点工作组，抽调业务能力强、精通外语的骨干人员承担相应的外事业务，并承担本土化教育模式建设的实施工作。对南非的教育情况和影响因素进行全面调研，掌握其学前基础、文化习俗、语言表达、教育机制和课程体系等方面的情况。在此基础上，建立与当地教育对接的教学体系，同时通过海外办学如创建海外学院，从师资、教学设施等方面保障教学体系的稳定和顺畅运作。

（2）创新通用标准，实施分类人才培养

探索职业教育输出标准，创新两国技术技能型人才培养通用标准，对接南非本地教育体系创建分类人才培养方案。根据产业合作阶段的不同、合作地区的不同，生源素质的不同及企业用工需求的差异，建立因地制宜、因国施教的分类人才培养模式，如协作式、共生式、内生式和集群式等；选择不同的教育途径，包括学历教育和非学历教育、全日制和分段式等；培养方式则可采取联合招生、跨国培养、冬/夏令营等方式；可在课程体系中融入中国文化、汉语言学习、中国企业文化等课程，使学员能够顺利融入中国企业员工集体。

（3）充实师资力量，确保教学质量

建设"双聘双语双元"的多双师资队伍。海外办学点聘用中国教师、当地教师、当地中资企业专家共同承担教学任务。中国教师在教学初期需要使用当地的语言，了解当地的风俗习惯，而当地的教师需要学习汉语，了解中国的教学标准和企业标准。对于国内教师，通过国际交流、外语培训等方式提高其相应能力，对于国外教师，与国内知名高校开展联合师资培养，接收来自合作院校的教师，进行语言和专业方面的培训。

（4）重视教材开放，共建教学资源

结合南非的教育体系和企业标准，制定《企业人才培养标准》，为职业院校人才培养提供参考标准；开发满足企业实际需求的多专业、多语种、多层次的系列教材，搭建文化、技能相统一的载体；改善落地国教学设施，开发专用软件和教学设施，拓展专业教学资源库海外应用，实现国内外资源共享；此外，可通过企业向学生提供实习岗位，或通过企业与国内外合作院校共建校内实训室、校外实训基地等方式，给学生提供实践学习的资源，保证实践教学的顺利开展。共建实训基地可通过国外院校和企业提供场地和管理员，或由企业提供校外实训基地，而国内院校通过捐赠等途径提供校内实训基地基础设施的方式进行。

（5）建立保障制度，推进方案落实

深入全面推进跨国"校—企—校"产教融合方案，是一个长期的、循序渐进的过程。这一方案的顺利实施，不仅取决于政策、人力和经费支持，还需要制度保障。首先，合作三方在合作初期必须在政策、经费、人力等方面进行体制机制建设，通过规章制度保障方案的落实。其次，目前海外办学还未大规模获得国家经费支持，合作三方应积极争取国家、省、市的经费支持。最后，为保障海外教学长期发展，应建立大规模全方位的教师国际化培养机制，为"校—企—校"产教融合方案的落实提供人力保障。

四　产教融合式产业合作的实现路径

（一）产业先行、职教跟进路径

从中国与共建"一带一路"国家进行产业合作的实践来看，通常是企业先行"走出去"，在他国投资经营。但往往困扰中国"走出去"企业的一个重大问题，就是难以在当地国家招募到符合自己需求的技术技能型人才。基于企业对人才的需求，一些职业院校会随后"走出去"，对接国际产业合作，结合企业人才需求，结合当地经济发展需要，协助解决企业用工难的问题。

（二）职教先行、产业跟进路径

在推进中南产教融合式产业合作过程中，可选择一批示范性、水平高、实力强的高职院校，先行"走出去"打天下。先行"走出去"的一流职业院校将一流企业的技术标准转化成课程标准，并将课程标准推广出国门，实质就是对企业技术标准的推广，当然也是对企业产品的推广。此外，在为国内培养高素质人才的同时，结合南非产业基础及中南产业合作的趋势，调整专业设置，重构课程体系，创新人才培养模式，通过海外办学，建立培训中心、社区学院，或采取与南非职业院校合作办学等方式，大力培养海外本土化人才，为中国企业投资南非进行人才储备。在此基础上，企业紧随其后，对南投资。

（三）产业、职教混合循环路径

产教融合式产业合作也可通过产业、职教混合循环路径实现，即中国企业先行走进南非，再吸引相关职业院校跟进，之后又吸引更多的企业入驻南非；或者中国职业院校先行走进南非，吸引相关企业跟进，之后更多企业入驻南非产生更多的用工需要，又吸引更多的职业院校进驻南非。通过混合循环路径，中国职业院校与中南产业合作跨国对接的规模、广度、程度将会不断加深。

第八章

产教融合式产业合作的对策建议与未来展望

一 对策建议

（一）政府层面

1. 做好顶层设计与对接工作

应根据"一带一路"倡议和《中非合作论坛——北京行动计划（2019～2021 年)》，做好与南非中长期产业合作发展规划，以及两国发展战略的对接，把握好中南产业合作实现双赢的大方向。结合双方产业优势和发展需求，找准双方产能合作的契合点与发力点，精选合作领域，通过有效合理的合作路径，以成熟的、具有竞争力的优质产业作为中南产业合作的主力军，促进双方产业发展迈向新台阶。统筹全局，做好空间上的规划，利用中南两国不同的资源优势和基础协同推进、统筹联动两国产业，形成产业发展之间的互动关系。成立中南产业合作联委会等工作机制，加强与合作国在区域遴选、合作产业论证、合作模式创新、金融支持、税收减免、企业社会履责等方面的沟通，出台具体措施，通过有效的政策沟通与政策对接，加快两国间生产要素流动，为推动中南两国产业合作创造条件，夯实中南产业合作的民意基础。

2. 降低企业投资风险

以园区或全球产业链集群建设为主导，拓宽在南非投资企业类型，引导中国企业集群式跨国转移，推动配套产业与服务业进入园区或全球产业链集群，有效规避同质竞争实现协同发展，降低运营成本提高生产效率。着力解决企业资金短缺的难题，推进企业投资多元化。在政策与制度上进行改革，在外汇等方面适当放松管制，适度为境外投资企业降低贷款标准或提供无息贷款，充分发挥市场作用，鼓励银行等金融机构走进南非，创新金融产品，拓宽企业融资渠道，为在南非的中国企业融资提供便利。通过为企业提供咨询服务，提高企业管理能力，帮助企业建立健康、正常的资金链，完善财务报告，帮助企业满足贷款条件。要做好与东道国的沟通协调，解决企业在南非投资中面临的重复征税等政策上的问题，帮助企业降低投资运营成本。

3. 协调高职院校对接中南产业合作

加强宏观层面的政府统筹规划，协调整合职业教育体系和产业体系（包括境外产业体系）各要素关系，统筹院校、企业单位（包括境外企业）在政策、资金等方面的相关资源，指导学校积极调整专业设置、教学模式，为学校开展多元国际合作提供政策支持、业务指导及经费保障。转变治理模式，通过充分发挥政府、企业单位与学校的相互作用，为专业对接产业的国际合作指明方向，出台相关政策措施。政府要鼓励高职院校创造条件，多渠道拓宽专业对接产业的国际合作路径，对于积极参与产教融合的高职院校和行业企业给予税收减免、贷款降息等政策倾斜，构建职业教育专业建设与产业国际合作有效衔接的命运共同体。

（二）企业层面

1. 加强企业抗风险能力建设

企业在赴南非开展产业合作前要加强与国家职能部门和中国驻南非使领馆的信息沟通，全面了解南非政治、经济、文化、社会、法律、市场等方面的情况，充分做好项目论证与风险评估。同时，政府职能部门也要向去南非投资的企业提供东道国的信息以及相关的投资政策，通过权威信保机构为赴南非企业提供信用保险，降低企业在投资中可能遇到的风险。此外，结合全球政治经济局势，基于中国与南非产业发展现状，在了解中国与其他国家产业合作成功经验与模式的基础上，力争通过企业抱团抗击风险、互动互助的产业园区模式或产业集群式跨国转移模式，提升企业的抗风险能力。

2. 提升在南企业的应变能力

中国赴南非企业应通过公开招聘、与大学合作等形式，引进培养一批具有国际视野和通晓非洲国家法律法规、精于管理、有家国情怀的专门人才，建立起不同层次的管理团队，确保中南产业合作顺利开展。同时，重视职业院校在高素质技术技能型人才培养中的作用，积极与国内职业院校或南非职业院校探索产教融合育人模式，通过为职业院校提供企业资源、共建实习基地、委托培养等方式，加快中国国际化及南非本土化技术技能型人才培养，全面提升中国企业的应变能力。

（三）职业院校层面

1. 强化专业对接产业国际合作理念

高职院校要树立"契合产业发展，培养国际人才"的理念，将国际合作作为专业建设和人才培养的重要路径，通过建立科学合理的激励机制，最大限度地调动学校师生参与国际合作，确保专业对接产业的国际合作顺利开展。构建中南产教融合发展机制。通过教育与产业同步、学校与企业融合的方式，形成能够促进产业技术进步和学校专业发展的产教融合共同体，开展以产教融合为核心的中南教育合作，为在南非中资企业提供人才培养和技术服务，共同推动技术进步，促进产业转型升级。要发挥行业协会作用。邀请世界知名行会企业加入高职院校专业建设指导委员会，积极参与高职院校专业对接中南产业合作实践指导、人力资源需求调研及产业发展动态调研，建立行业企业常态化联系机制，吸收国际先进办学经验，丰富中南教育合作及产教融合模式，拓展中南产业合作领域。

2. 积极开展中南合作办学

结合地方经济发展新形势下的战略需求、中南产业合作领域对专业技术技能型人才的要求，以及学校人才培养总体目标，按照"优势互补、强强联合"的原则，充分考察、分析和论证中南产业合作和学校发展需要，加强与南非优质院校和优势专业的合作，充分共享教育教学理念、管理模式、专业标准、课程体系、教学方法、资格证书、科研项目等教学资源。通过合作办学等形式，确定符合中南产业合作需求的人才培养目标，以国际先进标准为标杆，考虑南非经济社会发展基础，结合中南产业发展需求，制定高职院校的专业标准，建立高职院校相关课程体系，健全高职院校人才培养综合质量评价体系。

3. 大力推进南非学生来华留学教育

学校要构建政府主导、社会参与、主体多元、形式多样的奖学金体系，加大项目经费投入，吸引南非学生来华留学。落实教育部"扩大规模、优化结构、规范管理、保证质量"的工作方针，积极完善高职院校留学生教育的相关制度，实现来华留学教育质量提升。针对南非留学生的培养，大力开展专业设置和课程设置上的创新与探索，为培养中南产业合作急需的技术技能型人才提供有力保障。

4. 开拓创新境外办学模式

结合中南产业合作具体情况，立足学校专业特色，全面深化高职院校国际校企合作，共建境外服务平台，通过联合优质外向型企业在南非设立"鲁班工坊"，"借船出海"开展境外办学，为在南非的中资企业培训当地员工，参与国际产能合作，提升在南非中资企业的竞争力。同时联合社会机构、南非职业院校和企业开展学历职业教育，进行人才培养、技术服务、中国文化教育传播等，为更多优质外向型企业提供境外技术服务和技能培训，实现人才培养与产业发展的齐头并进。

二　未来展望

新冠疫情加速了已经出现的供应链重组，随着"高度集中式"全球化的逐渐弱化，"分布式"的全球化将会兴起。北美、欧洲和东北亚将出现区域性的相对独立但又相互联系的供应链体系，在各自区域内构筑强大的智能化物流体系。

北美的区域供应链以美国为主导，加拿大、墨西哥为核心成员，并将不断吸收南美国家进入供应链。欧洲区域供应链以德国为主导，法国、意大利等国为核心成员，扩展至英国和其他欧洲国家。东北亚供应链将以大中华地区（包括中国台湾地区、中国香港地区）为主导，日本、韩国为核心成员，并延伸到东南亚、南亚国家。在此格局下，中国应进一步与日本、韩国加强政治互信、经贸联系，提高投资、人员往来的便利化程度，共同保证亚洲地区的供应链安全和抵御风险的能力。

新冠疫情后全球化面临重整和供应链区域化的新形势，共建"一带一路"的发展中国家特别是非洲国家融入全球供应链进行工业化的潜力将大大降低。鉴于新版全球化的亚洲、欧洲、北美三大产业区域可能将非洲发展中国家边缘化，进而引发政治、经济和社会的动荡。中国应在"一带一路"倡议下，重点扶持非洲国家，加强与包括南非在内的非洲国家的产业合作。调整借助南非廉价劳动力建立出口基地、规避双反以进入欧美国际市场和参与建设大型基础设施项目的合作思路，在"一带一路"倡议框架下重点推进产业方向的合作，助力南非建设产业集群，以集群式转移方式在南非逐步建设全球产业链集群，为未来参与全球性的中、高技术产业链做好准备。此外，助力南非与民生、健康相关产业的发展，提高南非人民的基本生活水平。

加强与南非的教育合作特别是职业教育合作，改善南非劳动力素质，提升南非劳动力就业空间，为中南两国产业合作的落实提供人力资本支撑。在推进对南非产业集群式跨国转移时，可通过职教集群与产业集群互动的转移方式进行，即产业集群携同职教集群一起转移，更深程度、更大范围地落实中国与南非产教融合式产业合作。

附录一
中国在南非投资重点企业

序号	企业名称	企业性质	经营范围	投资情况
1	江铃汽车南非有限公司	国企	汽车销售与服务	江铃汽车于 2009 年进驻南非,产品覆盖皮卡、轻卡、长安微卡等,并在约翰内斯堡建有旗舰店及零件仓库,主要管理和技术人员来自中国;2016 年末,江铃南非子公司资产规模达到 7021 万元人民币,年实现销售收入 6210 万元人民币,相比 2010 年创业之初的销售收入 1200 万元人民币增长了 4.17 倍
2	哈弗汽车南非有限公司	私企	汽车销售与服务	2014 年 8 月哈弗汽车南非有限公司(哈弗南非)成立;哈弗南非拥有 40 余家二级销售网络,创造间接就业岗位 600 个以上;2018 年全年出口汽车 9496 辆,名列南非市场中国品牌第一
3	北汽中非汽车公司	国企	汽车销售与服务	
4	中国一汽南非公司	国企	汽车销售与服务	中国一汽集团于 2012 年 2 月与南非签订在库哈经济开发区投资 1 亿美元设厂生产卡车的合作协议;年产卡车 5000 辆,其中 3000 辆出口到非洲其他地区;公司目前雇用了 240 多名员工,95% 以上是当地员工

续表

序号	企业名称	企业性质	经营范围	投资情况
5	北汽福田南非公司	国企	中重型卡车销售与服务	
6	中国南车集团南非公司	国企	电力和内燃机车销售与服务	
7	中国北车集团南非公司	国企	电力和内燃机车销售与服务	
8	北方车辆南非公司	国企	电力和内燃机车销售与服务	
9	中航国际驻南非代表处	国企	航空装备销售与服务	
10	国航南非代表处	国企	航空装备销售与服务	
11	中海非洲控股公司	国企	班轮运输业务、物流服务	
12	中远非洲有限公司	国企	集装箱进出口、海运物流	
13	中船重工国贸南非公司	国企	民用船舶及配套研发生产	
14	三一南非分公司	国企	工程机械设备	2006 年,三一重工在南非约翰内斯堡成立南非子公司,以此为突破点,在南非以及周边国家销售三一品牌产品;6 年后,三一重工成立南非大区,下设 5 个子公司,将撒哈拉沙漠以南 30 多个非洲国家的业务收入囊中,开始了对中南部非洲市场的精细化耕耘;至 2016 年末,在非洲设备总保有量超过了 12000 台,销售额超过 100 亿元人民币

续表

序号	企业名称	企业性质	经营范围	投资情况
15	山推南非子公司	国企	工程机械设备	山推南非子公司自 2010 年成立以来,至 2015 年已发展成为拥有当地员工 18 人、山推派驻人员 3 人的高素质员工队伍,实现销售额达到 580 万美元,并为山推全系列产品在南部非洲的销售打下良好的基础
16	中国柳工南非子公司	国企	工程机械设备	
17	中国一拖南非子公司	国企	工程机械设备	
18	海信南非发展有限公司	国企	冰箱、电视等家电销售	2013 年,海信集团与中非基金共同投资建设的海信南非工业园正式投产,可年产电视、冰箱 40 万台;园区直接解决就业岗位 700 个,间接提供就业岗位 3000 多个
19	上广电南非公司	国企	家用电器销售与服务	
20	通用技术集团南非公司	国企	技术装备引进服务商	
21	辽宁聚龙南非公司	私企	金融机具研发、生产和销售	
22	冀东水泥南非公司	私企	水泥熟料生产	
23	中材国际南非公司	国企	大中型新型干法水泥生产	
24	全利通管业南非公司	私企	塑胶管道生产与销售	
25	瑞雅瓷砖南非公司	私企	瓷砖生产与销售	
26	金轮管业南非公司	私企	不锈钢管、焊管生产与销售	

序号	企业名称	企业性质	经营范围	投资情况
27	甘肃白银有色南非第一黄金公司	国企	金属及非金属资源开发	甘肃白银有色南非第一黄金公司是白银有色集团联合中非发展基金和长信基金组成的中方联合体全资子公司,主要资产位于南非境内,拥有摩德矿区和西兰特矿区两块在产黄金矿,并在莫桑比克和纳米比亚拥有部分探矿资产;拥有黄金总资源量为1181吨,储量126吨,2013年生产黄金8.55吨
28	金川集团南非公司	国企	有色冶金、化工	2012年1月,金川集团完成对南非梅特瑞斯公司全部股权的收购;梅特瑞斯公司在中非铜钴成矿带拥有5个铜钴矿项目,成为注入金川国际的首选矿业资产;至2017年10月,金川公司南非项目收回投资,实现盈利
29	中钢南非	国企	铬矿、铬铁的生产	中钢南非有限公司是中国中钢集团公司在南非的经济中心约翰内斯堡注册的全资子公司,主要从事矿产资源开发、中外合作、商品贸易;中钢南非作为中钢在南非及整个非洲的战略延伸,为中钢寻找合适的合作伙伴,利用地理位置优势为中钢下属企业服务,为国内企业提供各类咨询服务,南非公司已成为中钢在南非的资源供应基地
30	斗南锰业南非矿业有限公司	国企	黑色金属矿采选	
31	酒钢南非国际铬铁合金公司	国企	铬铁合金项目	

序号	企业名称	企业性质	经营范围	投资情况
32	中国五矿南非公司	国企	矿产品开发与生产	
33	五矿（南非）第一铬业公司	国企	铬矿、铬铁的生产	
34	广西大锰南非PMG公司	国企	矿山开采、选矿	
35	宝钢南非公司	国企	钢铁生产与销售	
36	河北钢铁南非公司	国企	钢铁生产与销售	
37	中色国贸南非公司	国企	有色金属开采	
38	中国北方工业公司南非代表处	国企	矿产勘探、开发与生产	
39	华北有色工程勘察院南非办事处	国企	矿产勘探、开发与生产	
40	中兴通讯南非公司	国企	信息与通信技术	中兴通讯从2005年进入南非市场，十年间，协助规划建设覆盖南非全境的光传输网络，完成了全程1900公里的骨干光传输网络，提供了超过2300个就业机会，全面促进南非通信市场竞争并有效降低通信资费；通过宽带化和信息化，远程教育在Kuazulu省和西北省等偏远地区的应用，使这些地区的孩子和其他地区的孩子一样能享受优质的教育资源

续表

序号	企业名称	企业性质	经营范围	投资情况
41	华为南非有限公司	私企	信息与通信技术	华为于 1998 年进入南非市场,一直致力于为当地客户提供端到端的通信解决方案并累计为当地创造了数千个就业岗位。自 2016 年起连续三年被第三方机构评为南非"最佳雇主"; 在南非,华为通过设立 ICT 实验室、提供科研经费和奖学金、开设信息与网络技术学院等方式,与南非多所知名大学展开合作,华为还紧密结合自身技术能力积极履行企业社会责任,消除数字鸿沟,通过建设 ICT 培训中心和资助优秀 ICT 相关专业学生赴华学习实践等方式,夯实南非发展所需的技术人才基础,此外,华为还在约翰内斯堡设立了非洲地区首家 ICT 创新体验中心; 在 2018 年非洲通信展上,南非政府为华为颁发了"ICT 领域杰出贡献奖",肯定了华为多年来在该领域发展中所起到的重要推动作用
42	中国电信南非公司	国企	通信基础设施的投资和运营	截至 2017 年底,中国电信在南非铺设光纤、光缆共计 1100 多公里并投资多条国际海底电缆,扩大了南非到世界各地的通信路由
43	中国联通南非公司	国企	通信基础设施的投资和运营	
44	中国移动国际有限公司南非子公司	国企	通信基础设施的投资和运营	2018 年 9 月 10 日,在约翰内斯堡正式成立,开幕仪式在南非德班举行;中国移动国际有限公司与南非电信运营商 MTN 集团签署了战略合作备忘录

续表

序号	企业名称	企业性质	经营范围	投资情况
45	中国海外基础设施开发投资有限公司非洲总部	国企	基础设施开发投资	2017年4月26日正式在南非第一大城市、经济中心约翰内斯堡市挂牌成立，设计股本总规模5亿美元，是目前中国第一家，也是全球范围内资金规模最大的专业从事海外基础设施前期开发的企业
46	中国交建	国企	工程承包、房产开发	在第二届对非投资论坛上，南非客运铁路局与中国交建共同签署项目合作备忘录，共同探索南非基础设施发展计划，其中最重要的是莫洛托走廊发展计划，包括莫洛托铁路项目，莫洛托铁路项目全长125公里，项目合同额约为25亿美元
47	中国海外工程南非公司	国企	工程承包、基建物资	
48	中国水电南非公司	国企	水利水电开发	
49	中铁国际南非公司	国企	房地产开发	2009年10月入驻南非，目前旗下在约翰内斯堡开发的地产项目除了Sandton Skye、The Central之外，还包括坐落于城市西北部的高端地产Eagle Canyon，在当地高尔夫球社区中排名前十位；2018年9月3日，非洲煤业公司与中铁国际集团签署了麦卡多煤矿项目EPC合同及采矿承包框架协议，该项目建成后将成为南非境内最大硬焦煤矿场之一
50	国家电网驻非洲办事处	国企	电网运营与服务	

续表

序号	企业名称	企业性质	经营范围	投资情况
51	亚洲电缆南非有限公司	国企	电缆运营与服务	成立于 2005 年,位于南非经济中心约翰内斯堡,公司致力于南非电力市场的开拓,并由国内大型企业授权,为南非市场供给 SABS 及 IEC 认证的变压器、开关柜、金具、绝缘子、钢材等产品;2012 年底,在南非约翰内斯堡建设了 WUXI TECH PTY LTD,生产电缆产品; 该公司现已广为南非电力业熟知,目前年销售额约为 3 亿元人民币
52	上海证大南非公司	私企	房地产开发	
53	金风科技集团南非公司	私企	风电项目开发与运营	Golden Valley 和 Excelsior 风电场在 2018 年内完成设计并动工建设,项目在建设期内预计为南非创造超过 1000 个工作岗位,建成后每年将为当地输送超过 560gwh 的清洁电力,为非洲可再生能源发展做出积极贡献
54	中国广东核电南非公司	国企	核电项目开发与运营	2014 年和南非核能公司签署协议,为南非提供核能技术培训项目
55	广东保威新能源南非公司	私企	太阳能项目开发与运营	2013 年落户南非伊丽莎白港库哈工业园,新厂房占地 4200 平方米,建成两条生产线,拥有太阳能支架年产量超过 200MW
56	海南英利新能源有限公司	私企	太阳能项目开发与运营	2010 年 4 月,南非第一个光伏并网发电系统工程在南非中部城市普利斯卡并网成功;2011 年在南非中部城市 DeAar 和 Prieska 分别各建设一个 10 兆瓦的太阳能发电站

续表

序号	企业名称	企业性质	经营范围	投资情况
57	龙源电力南非公司	国企	风电项目开发与运营	在南非开发德阿风电项目，2017 年 11 月该项目顺利竣工并投产发电，这是中国在非洲第一个集投资、建设和营运于一体的风电项目，项目总投资约 25 亿元人民币，分两期建设，地点位于南非北开普省德阿镇附近，装机容量分别为 10.05 万千瓦和 14.4 万千瓦，安装由中国国电联合动力生产的 1.5 兆瓦风机共 163 台，该项目竣工实现了中国国电集团风电项目开发与自主制造风电设备的联合"走出去"
58	联合动力南非公司	私企	太阳能项目开发与运营	
59	中国银联非洲代表处	国企	银行卡资信与服务	
60	中国进出口银行东南非代表处	国企	政策性融资	1999 年 3 月，中国进出口银行在南非约翰内斯堡设立东南非代表处。截至 2006 年底，中国进出口银行累计在非洲地区批贷及签约金额近 1000 亿元人民币，贷款金额近 400 亿元人民币，支持各类项目约 300 个；中国进出口银行还是非洲进出口银行的 C 类股东和董事单位
61	中非基金南非代表处	国企	政策性融资	成立于 2007 年 6 月，是中国首个对非股权投资基金，总规模 100 亿美元；中非基金在对非基础设施、产业合作、农业民生、能源资源开发等领域有丰富的投融资运作经验，已累计对非洲 36 个国家的 89 个项目投资超过 40 亿美元，带动中国企业对非投资 170 亿美元

续表

序号	企业名称	企业性质	经营范围	投资情况
62	中国银行南非约翰内斯堡分行	国企	商业投资、金融服务等	2000年成立,2011年底资产规模接近100亿兰特(约13亿美元)
63	中国工商银行非洲代表处	国企	商业投资、金融服务等	2008年初,与南非标准银行达成战略投资和合作协议,以约55亿美元投资,占有标准银行20%的股份,成为南非标准银行最大单一股东
64	中国建设银行约翰内斯堡分行	国企	商业投资、金融服务等	成立于2000年10月
65	中联重科融资南非公司	国企	金融服务平台	
66	新希望南非公司	私企	生产销售饲料、饲料添加剂	在南非运营一家年产18万吨的饲料工厂,生产高品质的畜禽饲料;未来5年内,新希望拟通过南非公司这一桥头堡,投资10亿兰特在南非的普马兰加、东开普及其他南部非洲国家再建6~8个工厂,实现年产80万吨饲料的规划,并同时与肉鸡、蛋鸡、猪及牛羊的养殖与食品加工企业合作,最终建成以饲料、养殖、肉食品为一体的农牧产业化大型企业
67	格兰西亚农业南非公司	私企	农业观光和园林培育	
68	天士力南非公司	私企	中医药治疗、药店运营	2002年落户南非约翰内斯堡,成为该集团进军南非市场的桥头堡
69	隆力奇南非分公司	私企	日化产品、养生保健品	2013年,隆力奇成立南非分公司
70	青岛益佳集团南非公司	私企	副食品、工艺品、粮油食品	

续表

序号	企业名称	企业性质	经营范围	投资情况
71	中国农业发展集团南非公司	国企	淡水养殖、农业技术推广	2009年10月27日,南非农业技术示范中心开工奠基典礼在南非自由州省哈瑞普举行,项目由中国农业发展集团总公司承包,该项目是中南两国政府在农业领域进行合作的重点工程项目
72	瑞星集团南非公司	私企	肥料生产与销售	
73	淄博天利毛纺南非公司	私企	毛纺生产	

资料来源：根据商务部国际贸易经济合作研究院、商务部投资促进事务局、中国驻南非大使馆经济商务参赞处多方资料来源统计得出。

附录二
重要的双边协议及文件

政府间协议及文件

1. 1997 年 12 月，南非与中国签署《中华人民共和国政府和南非共和国政府关于建立外交关系的联合公报》。

2. 2000 年 4 月，两国签署《比勒陀利亚伙伴关系宣言》，成立双边委员会。

3. 2002 年 11 月，中国与南非签署《关于中国公民出境旅游南非实施方案的谅解备忘录》。

4. 2014 年 11 月，中国与南非签署政府间核合作框架协议。

5. 两国签署《关于共同建设丝绸之路经济带和 21 世纪海上丝绸之路的谅解备忘录》。

6. 两国签署关于加强海洋经济合作的协议。

7. 两国签署关于外交人员和公务护照持有人免签证要求的协定。

8. 两国签署《中华人民共和国和南非共和国关于卫生和医学科学合作的谅解备忘录》。

9. 两国签署关于合作及发展科学园的谅解备忘录。

10. 中华人民共和国驻南非使馆与南非驻华使馆就在南非共和国设立中国文化中心达成谅解备忘录。

11. 中华人民共和国国务院国有资产监督管理委员会与南非共和国国有企业部签署谅解备忘录。

12. 中华人民共和国商务部与南非经济发展部签署关于反垄断合作的谅解备忘录。

13. 南非共和国税务局与中华人民共和国海关总署签署合作备忘录。

14. 南非共和国高等教育与培训部与中华人民共和国商务部签署关于人力资源开发合作的行动计划。

国有企业协议及文件

15. 中国国家开发银行与 Eskom 签署贷款协议。

16. 中国出口信用保险公司与 Transnet 签署框架合作协议。

17. 中国建设银行股份有限公司与南非工业公司签署战略合作协议，将为南非和非洲其他地区的基础设施和工业发展项目提供资金。

18. 北京汽车集团（BAIC）与 IDC 签署谅解备忘录。

19. 南非国家航天局与中国航天科技集团公司签署关于南非 CBERS－04 卫星地面系统最终验收的协议。

20. 中国国家核电技术公司与南非核电公司签订有关 CAP1400 项目管理合作协议。

21. 2018 年 8 月，南非 CSIR 与中国国家外专局境外机构 GOLD YARD 签署谅解备忘录。

图书在版编目（CIP）数据

中国南非产教融合式产业合作："一带一路"倡议
下的机遇研究／吉敏主编. －－北京：社会科学文献出
版社，2021.5
ISBN 978－7－5201－8388－8

Ⅰ.①中…　Ⅱ.①吉…　Ⅲ.①职业教育－产学合作－
国际合作－研究－中国、南非　Ⅳ.①G719.2 ②G719.47

中国版本图书馆 CIP 数据核字（2021）第 086600 号

中国南非产教融合式产业合作："一带一路"倡议下的机遇研究

主　　编／吉　敏

出 版 人／王利民
责任编辑／祝得彬　张苏琴

出　　版／社会科学文献出版社·当代世界出版分社（010）59367004
　　　　　地址：北京市北三环中路甲29号院华龙大厦　邮编：100029
　　　　　网址：www.ssap.com.cn
发　　行／市场营销中心（010）59367081　59367083
印　　装／三河市尚艺印装有限公司

规　　格／开　本：787mm×1092mm　1/16
　　　　　印　张：10.75　字　数：122千字
版　　次／2021年5月第1版　2021年5月第1次印刷
书　　号／ISBN 978－7－5201－8388－8
定　　价／58.00元

本书如有印装质量问题，请与读者服务中心（010－59367028）联系